Wolfgang Metternich

Lebte Gott wirklich in *Südwest*frankreich?

Hommage an eine Kulturlandschaft

Wolfgang Metternich

Lebte Gott wirklich in *Südwest*frankreich?

Hommage an eine Kulturlandschaft

Wissenschaftliche Buchgesellschaft

Buchnummer Y 00946-0

Limitierte Auflage.

Gedruckt auf säurefreiem und
alterungsbeständigem Bilderdruckpapier

Gestaltung:
Kerstin Reich, Dipl. Graphik-Designerin (FH), Griesheim

Gesamtherstellung: WBG
Printed in Germany

Besuchen Sie uns im Internet: www.wbg-darmstadt.de

Inhalt

Einleitung Armut und Anmut

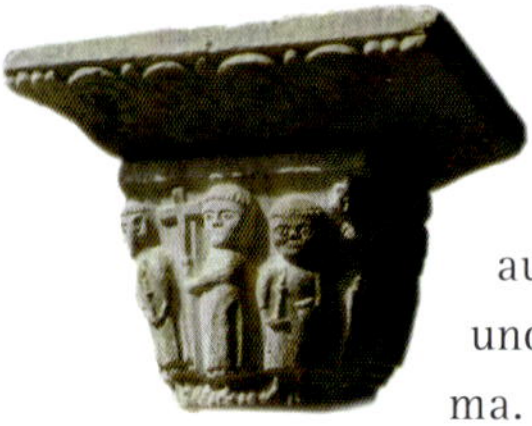

Anthelm Brillat-Savarin erwähnt in seinem kulinarischen Klassiker *Physiologie des Geschmacks* eher beiläufig, dass die besten Trüffel in Frankreich aus dem Périgord kommen. Darüber hinaus ist Essen und Trinken im Südwesten Frankreichs für ihn kein Thema. Wie sollte er auch. Die Küche einer – aus Pariser Blickwinkel – hinter den Bergen verborgenen und vergessenen Landschaft zu besprechen, war er nicht angetreten. Hatte doch sein auf anderen Gebieten, der Diplomatie und der Politik, ebenso berühmt gewordener Zeitgenosse, der gerissene Fuchs und Feinschmecker Charles-Maurice de Talleyrand-Périgord, das Land seiner Herkunft zeitlebens nach Möglichkeit gemieden, ebenso wie ein Jahrhundert später ein anderer aus altadeligem Geschlecht, Graf Henri de Toulouse-Lautrec, der neoimpressionistische Maler des *Fin de Siècle*. Ihre Welt war Paris. Mochten die Provinzen Frankreichs das eine oder andere zu ihren Gaumenfreuden beitragen, dort zu leben war ihnen ein Graus.

Das südwestliche Frankreich war nämlich zu jener Zeit ein rechtes Armenhaus. Die Reize einer schönen, oft scheinbar unberührten, Landschaft allein vermochten die Menschen dort kaum zu ernähren. In der 2. Hälfte des 19. Jh. gehörten das Périgord und das Quercy zu den unterentwickeltsten und ärmsten Regionen Frankreichs. Weiter im Süden, im Languedoc, war die Situation kaum besser. Wer dazu in der Lage war, wanderte ab. Selbst die zu Recht so berühmte Küche des Périgord hat ihre Wurzeln in der ursprünglichen Armut des Landes. Doch das gehört nicht in die Einleitung, davon wird noch ausführlicher zu sprechen sein. Spät erst und nur mit staatlicher Unterstützung siedelten sich einige Industrien bei den Städten im Südwesten an, fuhren Eisenbahnen durch die Berge. Das platte Land wurde davon nicht berührt. Und erst im soeben heraufgezogenen 21. Jh. erreichen leistungsfähige überregionale Straßen, die zum Mittelmeer führenden Autobahnen, von Norden her Cahors und Albi. Ob das dem Land wirklich von Nutzen ist?

Die ursprüngliche Armut des französischen Südwestens und seine heutige Anmut stehen, wie auch in anderen Teilen der Welt, in einer engen Beziehung. Unser von nostalgischen Sehnsüchten nicht freies Denken setzt Zurückgebliebenheit gerne mit Ursprünglichkeit, Armut und Mangel gerne mit dem so gepriesenen einfachen Leben gleich – sofern Elendsquartiere und Müllberge nicht unangenehm ins Auge fallen und uns die Errungenschaften der Zivilisation ohne Abstriche zur Verfügung stehen. Zum Glück ermangelt es des Komforts für den auf Kultur und Kulinarisches eingestellten Reisenden jenseits des Zentralmassivs schon lange nicht mehr. Man sollte sich jedoch stets vergegenwärtigen, dass die große Zahl der romanischen Kirchen oder ein malerisches Gehöft auch davon zeugen, dass in späteren Epochen das Geld für Investitionen und Neubauten einfach nicht mehr vorhanden war.

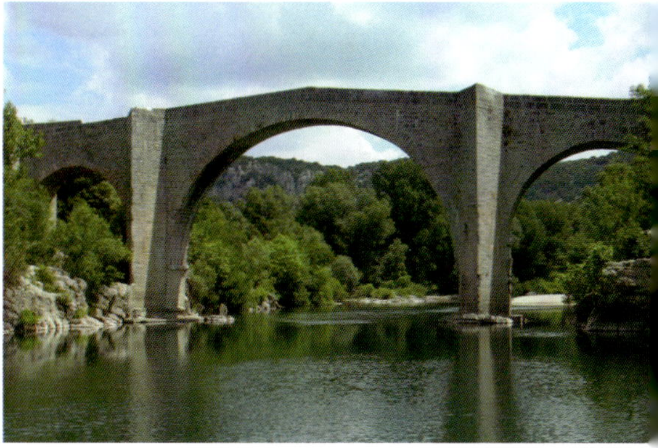

Die aus dem 13. Jh. stammende Pilgerbrücke von Issensac in den Cevennen

Eine tatkräftige Entwicklungspolitik und der Strukturhilfefonds der Europäischen Gemeinschaft haben den französischen Südwesten in den vergangenen Jahrzehnten aus seiner Misere herausgeführt. Der Reisende findet heute in der Tat blühende und abwechslungsreiche Landschaften, wohlerhaltene Kulturdenkmäler im Überfluss und eine Gastronomie, die keinerlei Vergleiche zu scheuen braucht. Noch ist der Massentourismus außen vor, findet man auf den Hochflächen der Gebirge, in den Seitentälern von Dordogne und Lot, Tarn und Herault Einsamkeit und Ruhe. Werfen wir also einen Blick auf den Teil Frankreichs, von dem es heißt, dass Gott hier in guten und in schlechten Tagen seine Heimstatt gehabt hat.

Das Land und die Landschaft

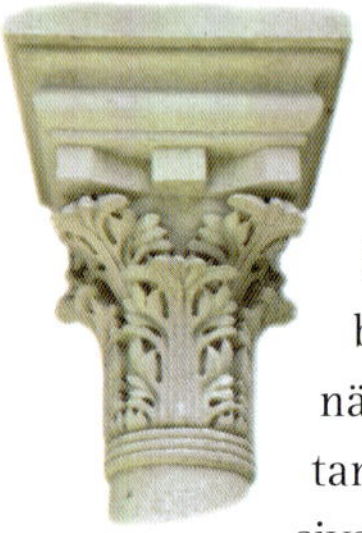

Wo Gott zu Hause ist, kann das Paradies nicht weit sein. In der Tat ist der Südwesten Frankreichs durch eine gesegnete Lage in und zwischen großen Naturräumen geprägt. Es ist ein Land zwischen zwei Meeren und zwei Gebirgen, begrenzt vom Atlantik und dem Mittelmeer, von den Pyrenäen und dem Zentralmassiv. Das große und fruchtbare aquitanische Becken und die Gebirgslandschaften des Zentralmassivs dominieren die Region. Die Pyrenäen und ihre bezaubernden Vorlande sowie der Küstenstreifen des niederen Languedoc entlang der Mittelmeerküste sind geologisch und klimatisch eher Randgebiete. Die Westdrift vom Atlantik her bringt genügend Niederschläge, von denen auch der Küstensaum des Mittelmeers in den trockenen Sommermonaten noch seinen Teil abbekommt. Atlantisches und kontinentales Klima, subtropische Vegetation und das Landschaftsbild der gemäßigten Zonen Mitteleuropas gehen hier ineinander über und befruchten sich – im wahrsten Sinne des Wortes – gegenseitig.

Freilich ist auch hier nicht alles Gold, was glänzt. Mögen die langen Strände am Mittelmeer zwischen Rhône und Roussillon bei den Urlaubern heute auch noch so begehrt sein, sie säumen eine karge, felsige und ihrer Natur nach lebensfeindliche Landschaft, der die hier lebenden Menschen einen Ertrag in schwerer Arbeit abtrotzen mussten. Die endlosen Weinberge des Herault und des Fitou, des Minervois und der Corbières wurden in harter Arbeit dem kargen Boden abgerungen. Auch die Karstgebiete zwischen Lot und Dordogne ließen eine ertragreiche Bodenbebauung nur mit Mühe zu, ganz zu schweigen von den rauen Hochflächen der Cevennen und des Zentralmassivs, über die im Winter ein eisiger Wind fegt, während die Sommer trocken und heiß sind. Im würzigen Ziegenkäse dieser Regionen kann man sich die klimatischen Extreme förmlich auf der Zunge zergehen lassen.

Es ist kein Wunder, wenn diese Gegenden heute zu den am dünnsten besiedelten in Frankreich zählen. Das Leben konzentriert sich in den großen Flusstälern, die von den Höhen des Zentralmassivs fast al-

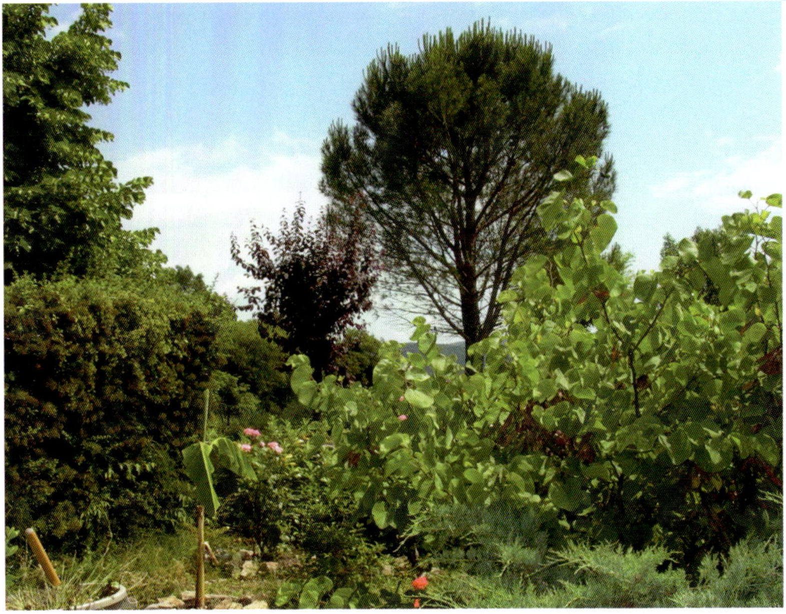

Landschaft in den Cevennen

le nach Westen, der Garonne und dem Atlantik zustreben. Sobald die Berge weniger als 400-600 m an Höhe haben, beginnt, in den westlich auslaufenden Mittelgebirgen, eine das Auge erfreuende Hügellandschaft aus Wäldern, Wiesen und Weiden, durchsetzt von ausgedehnten Plantagenkulturen, in denen vor allem Obst und Gemüse, Wein und Walnüsse angebaut werden. Nicht zu vergessen natürlich die ausgedehnten Flächen, auf denen Enten und Gänse in geschäftigem Schnattern ihr Dasein bis zu dem Zeitpunkt verbringen, da sie als *Confit* oder *Paté* ihren Weg in die Küchen der Welt antreten.

Wer das Land in weitem Bogen durchstreift, wird die Gegensätze erst richtig wahrnehmen. Die immer noch dichten und dunklen Eichenwälder des Limousin gehen nach Süden zunächst in die freundlichen Laubwälder des Périgord Vert und des Périgord Noir über, ehe sie sich in den Cevennen, an der Grenze zum niederen Languedoc, unvermittelt in die struppigen Buschwälder der Mittelmeerregion verwandeln. Weiter westlich bietet sich ein ganz anderes Bild. Jenseits der Linie Poitiers-Angoulême-Agen wandelt sich das aquitanische Becken zu einer weiten Ebene, die im Norden von der wasserreichen Landschaft der Vendée, im Süden von der Mündung der Garonne in die Gironde mit den südlich davon sich erstreckenden Landes gekennzeichnet wird. Hier ist fruchtbares Land, erstrecken sich die Weinberge des Medoc und des Armagnac, des Cognac und der Saintonge, dazu endlose landwirtschaftliche Kulturen aller Art. Ein gesegneter Landstrich, in dem die Kultur nicht zu kurz kommt. Nur die Landes, zwischen Bordeaux und den Pyrenäen, einst ein wegeloses Sumpfgebiet, bieten mit ihren im 19. Jh. aufgeforsteten Pinienwäldern wieder ein anderes Bild. Der Südwesten Frankreichs ist aus einem Blickwinkel nicht zu erfassen.

Das ist die Bühne, auf der sich, für uns seit fast 40 000 Jahren fassbar, das Leben der Menschen in diesen Gegenden abspielt. So abgelegen uns der Südwesten Frankreichs bisweilen vorkommen mag, in diesen Landschaften, beiderseits der Pyrenäen und bis hin zum Zentralmassiv, manifestieren sich die Anfänge der europäischen Kultur. Als vor gut 30 000 Jahren der aus Afrika nachgezogene *Homo sapiens sapiens* den *Neandertaler* ablöste oder verdrängte, fand ein Quantensprung in der Entwicklung der Menschheit statt. Dessen Zeugnisse sind die großartigen Höhlenmalereien des Jungpaläolithikums – im Südwesten Frankreichs.

Vorspiel in der Eiszeit

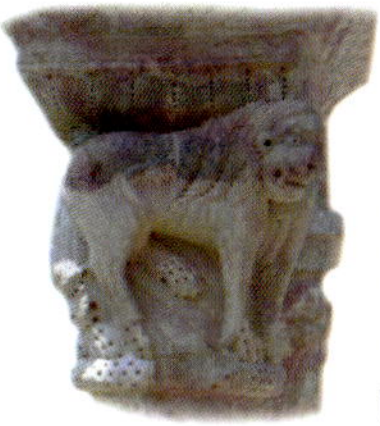

Es beginnt mit einem Paukenschlag. Über Jahrmillionen hinweg vermögen die Forscher heute die Entwicklung des Menschen von seinen ersten Anfängen in Afrika bis zum *Homo sapiens sapiens* zu verfolgen. Das geschieht anhand von Skelettfunden, unter denen Schädelknochen, Kiefer und Gelenke eine besondere Rolle spielen, bis hin zu steinernen Artefakten wie Faustkeilen und Schabern. Und dann Lascaux. Mit einem Alter von 15 000–17 000 Jahren vor unserer Zeit ist sie gewiss nicht die älteste Höhle mit Malereien aus dem Paläolithikum. Auch stehen ihr die Felsbilder der schon 1879 entdeckten Höhle im nordspanischen Altamira und der erst jüngst aufgefundenen Höhlen von Chauvet in der Ardèche und von Cosquer bei Marseille in ihrer Qualität nicht nach. Der Eindruck von Lascaux auf den Besucher ist jedoch nach wie vor, ungeachtet der Tatsache, dass er sich aus klimatischen und konservatorischen Gründen mit einer – allerdings perfekten – Kopie begnügen muss, überwältigend. Gerade weil so viele andere Höhlen um der Erhaltung dieser einmaligen Kunstwerke willen für die Öffentlichkeit geschlossen sind, behauptet Lascaux (II) seinen Rang.

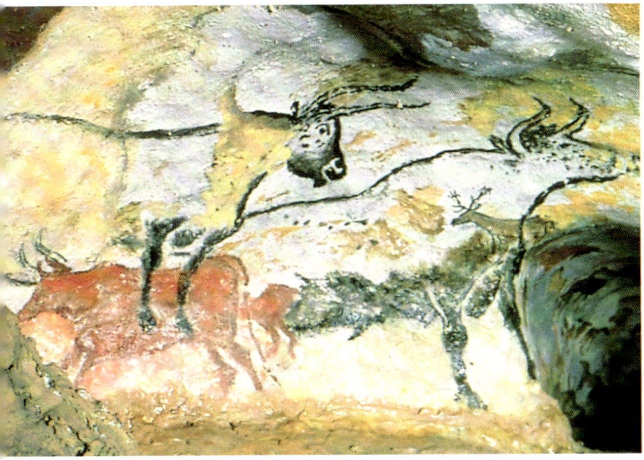

Lascaux,
der Saal der Stiere

Eine gültige Erklärung, sowohl der Motive der Malerei in diesen Höhlen als auch der Gründe für ihr plötzliches Auftreten auf höchstem Niveau, steht noch aus. Eine harte Nuss haben die Prähistoriker da zu knacken. Die Enttäuschung darüber wird dem Betrachter jedoch durch die Anschauung dieser Kunstwerke genommen. Nein, man muss angesichts dieser Malereien zunächst nichts darüber wissen, ob wir es hier mit Jagdmagie, Totemismus oder anderen kultischen oder profanen Äußerungen unserer frühen Vorfahren zu tun haben. Dafür sind die Rückenlinie eines Stieres, die perspektivische Wendung des Kopfes, ein galoppierendes Wildpferd oder der lauernd unter seinen Stirnhaaren hervorlugende Bison einfach zu hinreißend. Was Lascaux (II) in Perfektion bietet, kann an anderen Orten, rund um das prähistorische Zentrum von Les Eyzies, in Rouffignac, Font de Gaume oder Les Combarelles, derzeit noch vor dem Original nachvollzogen werden. Neben dem Schauer bei dem Besuch dieser uralten Stätten menschlicher Kultur bleibt eine Erkenntnis: Hier stehen wir vor den Ursprüngen unseres eigenen Daseins – im Südwesten Frankreichs.

Gallien – Schmelztiegel der Völker

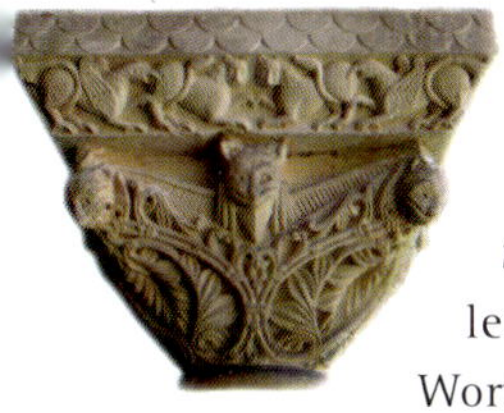

Gallia est omnis divisa in partes tres, quarum unam incolunt Belgae, aliam Aquitani, tertiam qui eorum lingua Celtae, nostro Galli appelantur. Caesar, einst der Schrecken aller Lateinschüler, leitete in seinem *De Bello Gallico* mit diesen Worten die Beschreibung des reichen Landes ein, das er zu erobern gedachte. Für das französische Territorium in der Antike, als das Land immerhin für rund 500 Jahre Teil des römischen Imperiums war, hat sich der Name Gallien fest eingebürgert. Damit wird eine Homogenität in Bevölkerung, Sprache und Kultur unterstellt, die so niemals bestanden hat und die bis heute zu den trügerischen Fundamenten des französischen Einheitsstaates gehört. In Wahrheit verbirgt sich, in der Gegenwart wie in der Geschichte, hinter diesem gleichmacherischen Einheitswahn eine Vielfalt, die erst eigentlich den Reiz Frankreichs begründet. Der Südwesten legt dafür in besonderer Weise Zeugnis ab.

Schon Caesar wusste es besser, gliedert er doch bereits in seinen einleitenden Worten Gallien in drei Teile: Aquitanien im Südwesten, das keltische Gallien in der Mitte und das Gebiet der Belger im Nordosten. Aber auch der römische Eroberer Galliens machte es sich etwas zu einfach, wenn er die zahlreichen Völkerschaften des Landes in nur drei große Gruppen einteilte. Und mit ihm irren die Autoren von Asterix, wenn sie in Gallien neben der römischen Besatzungsmacht nur trink- und schlagfertige Gallier keltischer Zunge zu Hause sein lassen. Gallien war so wenig keltisch wie heute Frankreich französisch ist – zumindest soweit uns die Definition eines einheitlichen französischen Kulturraumes von der Regierung und der im Pariser Kultusministerium angesiedelten Bürokratie angetragen wird. Gerade der scheinbar so abgelegene und unberührte Südwesten des Landes bietet die schönsten Beispiele für die ethnische, sprachliche und kulturelle Vielfalt, die den Regionen des Landes ihr unverwechselbares Gepräge gibt.

Fangen wir im hintersten Winkel des Landes an, im Béarn, da wo Pyrenäen und Atlantik zusammenstoßen. Hier wohnen die Basken, die, wenngleich im Alltag nur noch zu einem geringen Prozentsatz, eine der ältesten und interessantesten Sprachen Europas sprechen, das vorindogermanische Baskisch. Als alle anderen Völkerschaften auf dem Boden Frankreichs erst ankamen oder, unter Zurücklassung einiger fußkranker oder heiratswilliger Angehörige, einfach nur durchzogen, saßen die Basken schon an ihrer gebirgigen Küste. Sind sie wirklich die allzeit sesshaften Nachkommen des eiszeitlichen Cro-Magnon-Menschen, dem wir die wundervollen Malereien in den Höhlen der Eiszeit verdanken? Auszuschließen ist das nicht. Schließlich erstreckt sich der Kulturraum der franko-kantabrischen Eiszeitkunst über das Baskenland und die Pyrenäen hinweg bis weit nach Nordspanien hinein, wo mit der Höhle von Altamira das Pendant zu Lascaux zu finden ist. Selbstverständlich verfügt auch das Baskenland selbst über entsprechende Fundstätten aus dieser Epoche. Die Basken jedenfalls behaupten von sich selbst: „Wir waren schon immer da.“ Dem ist derzeit nicht zu widersprechen.

Die Basken konnten also von den Höhen ihrer Berge durch die Jahrtausende zusehen, wer so alles das Land zwischen Pyrenäen, Atlantik und Zentralmassiv besiedelte. Gewiss, Kelten kamen auch. Ob in größerer oder geringerer Zahl, muss offen bleiben. Die reichen Hinterlassenschaften der jungsteinzeitlichen Megalithkulturen mit ihren Dolmen und Hügelgräbern bezeugen jedoch, dass nach dem Ende der Eiszeit, als mit dem weiter noch Norden abziehenden, kälteliebenden Jagdwild auch ein Teil der Jäger zusammen mit den Herden abwanderte, das Land nicht menschenleer geblieben war. Es ist eher anzunehmen, dass die alte Bevölkerung von neu hinzugekommenen keltischen Gruppen die Sprache und einige Kulturelemente übernahm, als dass sie vertrieben oder gar vernichtet wurde. Schließlich sind die Kelten eine Sprachgemeinschaft und kein ethnisch homogenes Volk. Aus den älteren Völkerschaften bildeten sich fortwährend neue Gemeinschaften mit eigener Identität und Kultur. Aus diesem Grund darf man durchaus einige von Caesar bezeugte „Stämme“ als keltisch bezeichnen, so z. B. die gut bezeugten Tectosagen in der Gegend von Toulouse. Aber sie waren weder die ersten noch die einzigen, die den Südwesten Frankreichs in historischer Zeit aufsuchten.

Gerade Aquitanien wurde sehr viel stärker von Iberern aus Spanien besiedelt als von Kelten, was schon Caesar veranlasste, die Aquitaner klar von den Galliern zu unterscheiden. Entlang des Mittelmeeres hatten im Zuge der griechischen Expansion um 600 v. Chr. die Phokäer Kolonien im provenzalischen Marseille und in Agde an der Küste des niederen Languedoc angelegt. Zwar war das griechische Element an der Mittelmeerküste nie dominierend, aber mit der Öffnung des Hinterlandes durch den Handel mit den hier ansässigen Stämmen empfing die Gegend weitere Impulse und Bevölkerungszuwachs von außerhalb. Mit der Einrichtung der gallischen Provinzen durch die Römer, zunächst entlang der Mittelmeerküste unter dem Namen der Provincia Narbonensis und nach den Eroberungskriegen Caesars bis zum Atlantik, dem Ärmelkanal und dem Rhein, setzte ein Zustrom von Bevölkerungsgruppen aus allen Teilen des Römischen Reiches ein. Legionäre und Angehörige der Auxiliartruppen, Verwaltungsbeamte, Kaufleute, Sklaven, alle, die sich in dem reichen Land ein Auskommen erhofften oder einfach dort hängen blieben, durchmischten sich mit der einheimischen Bevölkerung und veränderten nachhaltig die Bevölkerungsstruktur. Was so verschämt und zugleich verschleiernd als die Romanisierung des keltischen Gallien bezeichnet wird, war eine breite Durchmischung der Bevölkerung mit Zuwanderern aus allen Provinzen des Imperiums, ein Jahrhunderte währender Prozess, mit dem nicht wenige Franzosen, die sich so gerne als keltische Romanen verstehen, ihre liebe Not haben.

Der Südwesten Frankreichs bestand im Wesentlichen aus der Provinz *(Gallia) Aquitania* und dem Westteil der *Provincia Narbonensis*. Hier trat in der Spätantike noch ein weiteres Bevölkerungselement hinzu, das in seiner Bedeutung keineswegs unterschätzt werden darf. Zwischen dem 3. und dem 5. Jh. drangen die germanischen Volksgemeinschaften der Alemannen, Wandalen und Westgoten bis in das südwestliche Gallien vor. Während die meisten Alemannen in ihre angestammten Gebiete beiderseits des Oberrheins zurückkehrten und die Wandalen über Spanien nach Nordafrika weiterzogen, gründeten die Westgoten unter ihrem König Wallia 418 mit der Zustimmung des römischen Kaisers Honorius als Foederaten bzw. Bundesgenossen des Imperiums das zeitweise von der Loire bis nach Südspanien reichende tolosanische Westgotenreich mit der Hauptstadt Toulouse. Das bedeutete immerhin den Zuzug von 50 000 bis 100 000 Menschen größtenteils germanischer Herkunft, die hauptsächlich zwischen Carcassonne, Toulouse und Bordeaux siedelten. Die römischen Verwaltungsstrukturen bestanden fort, aber auch die westgotische Lebensweise und Gesetzgebung drückten dem Land ihren Stempel auf. Zwar vernichteten die Franken in der Schlacht von Vouillé 507 das westgotische Staatsgebilde und drängten einen großen Teil der germanischen Bevölkerung nach Spanien ab. Da sie selbst aber militärisch nicht stark genug waren, auch nur die Mittelmeerküste zu erreichen, blieb der Südwesten Frankreichs noch fast für ein Jahrhundert unter westgotischer Prägung. In der Architektur des Pyrenäenklosters St.-Michel de Cuxa aus dem 10. Jahrhundert dauert der westgotische Einfluss in den Hufeisenbögen der Klosterkirche noch sichtbar fort.

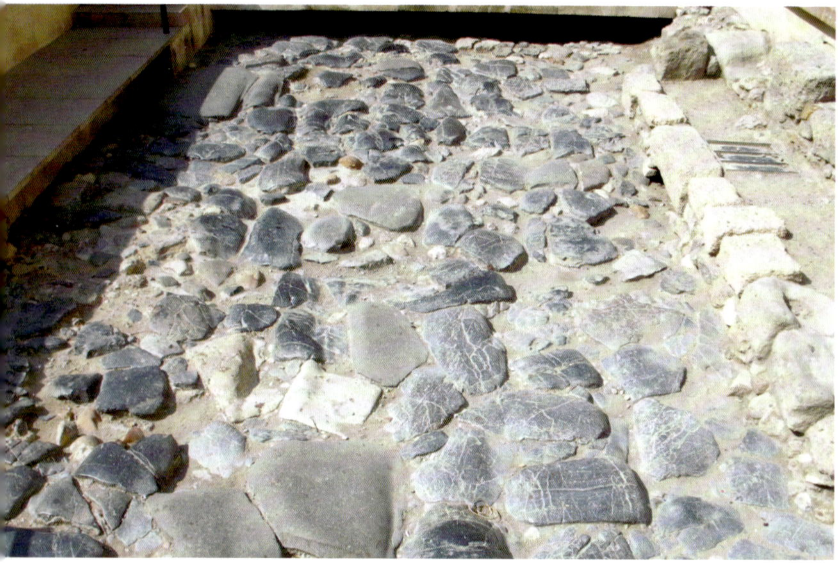

Narbonne, die römische Via Domitia, die Fernstraße von Italien nach Spanien

Fortan kristallisierten sich in Gallien, auf dem Territorium des ab 843 sich bildenden Königreichs Frankreich, zwei große Herrschafts- und Kulturbereiche heraus, die wir heute vor allem mit Hilfe der sprachlichen Begriffe Langue d'oïl und Langue d'oc fassen können. Es handelt sich im Norden um den Herrschaftsbereich der fränkischen Könige aus dem Geschlecht der Merowinger, der, zwar weiterhin auf römisch-spätantiker Grundlage, sehr viel stärker germanisiert wurde und seinen Namen vom nordfranzösischen Wort für „ja" (= oïl/oui) bezog. Im Süden hingegen erhielt sich mit dem Okzitanischen bzw. dem alten Sprachgebiet des Languedoc eine breite, viel stärker romanisierte Sprachzone, die letztendlich vom spanischen Katalonien bis nach Italien reichte. Politisch herrschten hier meist unklare Verhältnisse, eine starke Zentralgewalt konnte sich bis zum hohen Mittelalter niemals ausbilden.

Das Beispiel Septimanien oder Gothien, ursprünglich das gesamte Languedoc zwischen Nîmes und Toulouse, von dem Teile im heutigen Roussillon noch lebendig sind, steht für weitere Regionen. Nach dem Zusammenbruch des tolosanischen Reiches der Westgoten 507 verblieb die Mittelmeerküste unter der Bezeichnung Septimanien (abgeleitet von dem ursprünglichen antiken Namen der Stadt Béziers *Colonia Iulia Septimanorum Baeterrae*) unter der Herrschaft des spanischen Westgotenreiches, daher der frühmittelalterliche Namen Gothien. Mit dem Untergang dieses Reiches 711 durch die Araber kam auch Septimanien für mehrere Jahrzehnte unter muslimische Herrschaft, bis der Karolinger Pippin III. das Gebiet dem Frankenreich angliederte. Auch wenn ganze Stapel von Geschichtsbüchern die mit dem Sieg des karolingischen Hausmeiers Karl Martell 732 in der Schlacht zwischen Tours und Poitiers verhinderte Islamisierung Mitteleuropas mit Lobgesängen feiern, so stellt sich das Verhältnis zwischen Einheimischen und Arabern im Languedoc des 8./9. Jh. doch sehr viel pragmatischer dar. Wenn sie erst einmal anerkannt war, gestalteten die islamischen Eroberer in kluger Erkenntnis ihrer Möglichkeiten ihre Oberherrschaft in Narbonne und Carcassonne nicht als eifernde Unterdrückung, sondern beließen die lokalen Eliten in ihren Funktionen. Das Ergebnis war mehr als einmal ein Bündnis mit den Arabern gegen die Franken. Erst das

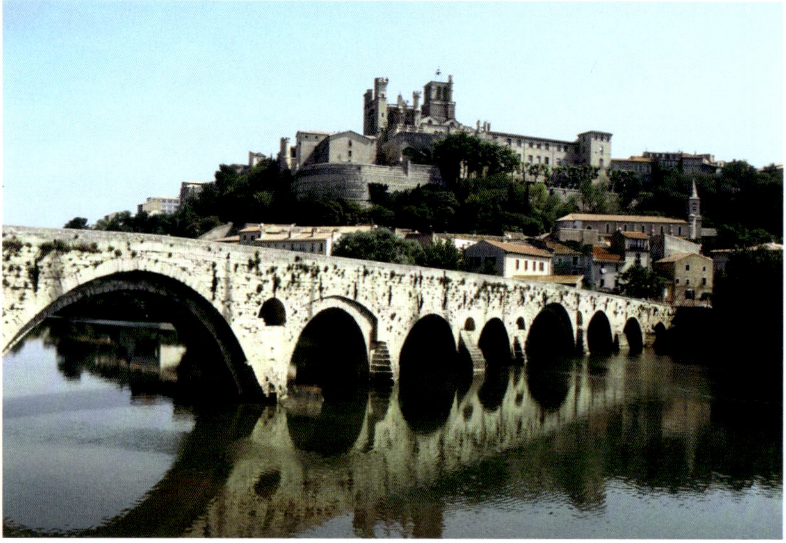

Béziers, die Stadt, die Septimanien ihren Namen überließ

Ende des 8. Jh. brachte im Zuge der expansiven Machtpolitik Karls des Großen den Südwesten wieder unter fränkische Oberhoheit, worauf dieser sich in Unkenntnis der wahren Verhältnisse sofort in das Abenteuer der Eroberungen in Spanien stürzte. Das Desaster des großen Kaisers vor Saragossa und die Niederlage des verklärten Roland am Pass von Roncevaux sind weder auf arabische Kriegskunst noch auf die Hinterlist der Basken zurückzuführen. Im Südwesten Frankreichs mochte man die Franken einfach nicht. Schon nach dem Tod Karls des Großen setzte der Verselbständigungsprozess vom Frankenreich sich wieder fort. Gothien blieb politisch und kulturell auf Katalonien ausgerichtet. Auch wenn das Gebiet sich im Verlauf des Mittelalters auf das heutige Roussillon verkleinerte, erfolgte nie eine vollständige Hinwendung zum Königreich Frankreich. Erst im Pyrenäenfrieden zwischen Frankreich und Spanien 1659 kam das Roussillon endgültig zu Frankreich, der Einfluss der katalanischen Kultur ist bis heute jedoch ungebrochen.

Im Bannkreis der mediterranen Kulturen

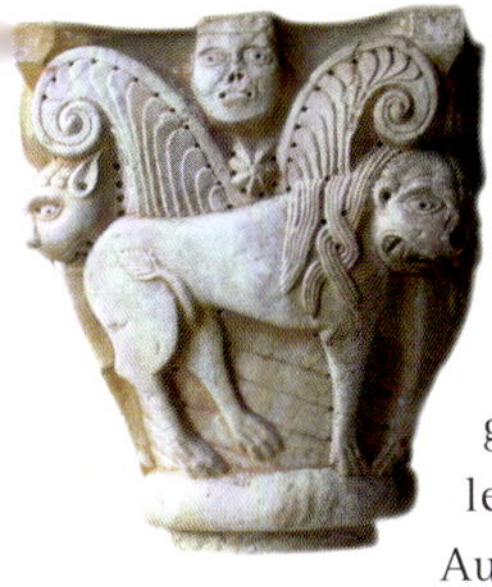

Die kaum 100 Jahre intensiverer fränkischer Herrschaft unter den Karolingern von Pippin III., dem Kleinen, bis zu Ludwig I., dem Frommen, erlebte der Südwesten Frankreichs nur als Episode. Zwar hatte Ludwig vor seinem unglückseligen Kaisertum als Unterkönig Aquitanien regiert und dabei das Land sicher besser kennen gelernt als alle anderen karolingischen Herrscher. Auch waren mit der Klosterreform des Benedikt von Aniane gerade vom äußersten Süden des Landes wesentliche Impulse ausgegangen, welche das geistliche Niveau in den Klöstern ebenso hob wie sie dazu beitrug, das Kaisertum Ludwigs des Frommen zu destabilisieren, doch waren der fränkische Norden und der okzitanische Süden auf Dauer nicht zusammenzuhalten. Nach der Teilung des Reiches in eine Ost- und eine Westhälfte im Vertrag von Verdun vermochte der westfränkische Herrscher und erste französische König Karl der Kahle den Süden kaum noch zu kontrollieren. Das Land zerfiel in einzelne Herzogtümer und Grafschaften, unter denen das Herzogtum Aquitanien und die Grafschaft Toulouse noch die bedeutendsten waren. Auch konnten verschiedene geistliche Fürsten, darunter der Erzbischof von Narbonne, ihren politischen Einfluss wahren. Dem französischen Königtum verblieb bis zum Beginn des 13. Jh. nur eine nominelle Oberherrschaft.

Der wirtschaftlichen und kulturellen Entwicklung des Landes hat dies nicht geschadet. Die durch die unterentwickelte politische Machtentfaltung entstandenen Freiräume wurden nach Kräften genutzt. Blickt man auf die ungeheure Anzahl der zwischen dem 10. und dem 13. Jh. entstandenen Kathedralen, Kirchen und Klöster und die Qualität ihrer Gestaltung, so kann man leicht feststellen, dass das künstlerische Niveau und die den vielen Bauvorhaben zugrunde liegende wirtschaftliche Leistungsfähigkeit sich auf einer außerordentlichen Höhe bewegen. Und das ungeachtet der Gefahren, die auch weiterhin vom Mittelmeer her durch die Sarazenen gegeben waren, die ungünstigen Auswirkungen des südfranzösischen Erbrechts, das die Ausbildung großer und leistungsfähiger Grundherrschaften sehr behinderte, und der insgesamt instabilen politischen Situation, der eine Ordnungsmacht fehlte. Einen Ausgleich bildeten im Mittelalter die positiven Standortfaktoren, im Languedoc vor allem die Lage an der Völkerstraße von

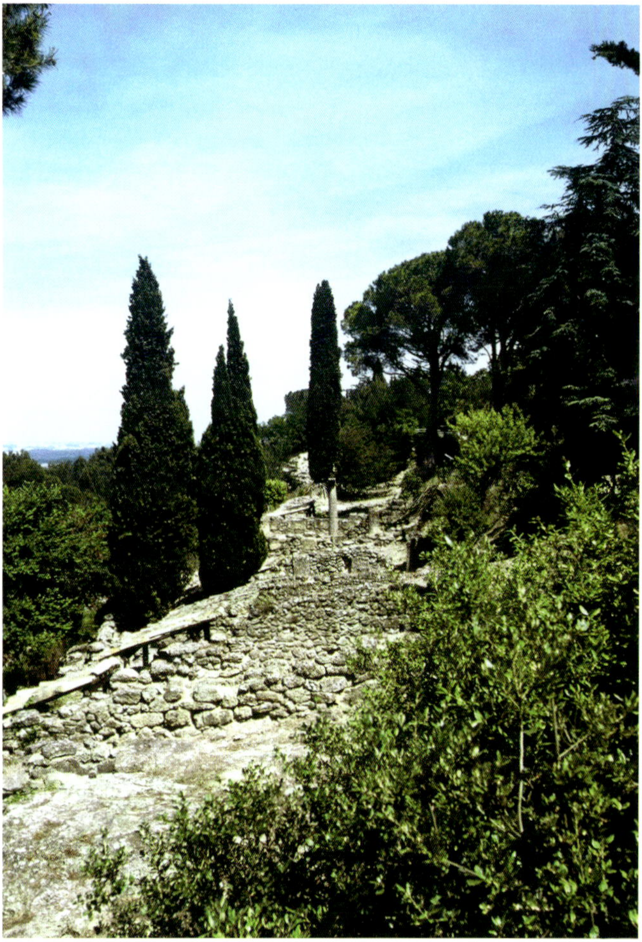

Eine mediterrane Landschaft. Das gallorömische Oppidum von Enserune im Herault

Italien nach Spanien, der alten Via Domitia, und der trotz zahlreicher sarazenischer Übergriffe relativ ungehinderte Handel mit dem hoch entwickelten arabischen Spanien, mit Nordafrika und der Levante. Die dem Atlantik zugewandten Landesteile im Westen des Zentralmassivs wiederum profitierten ab der Mitte des 12. Jh. vor allem von der Einbeziehung in den großen politisch und wirtschaftlich gut erschlossenen Raum des Angevinischen Reiches der englischen Könige. Der Weinhandel von Bordeaux begründete damals seine bis heute andauernde überragende Stellung.

Die offene Haltung des Südwestens, der sich sowohl über die uralten Küstenrouten des Atlantik als auch über die Mittelmeerhäfen und die Via Domitia noch immer der Ökumene und der Kultur des Mittelmeerraumes verbunden fühlte, führte im 12. Jh. zu einer kulturellen Blüte, die vielfach dargestellt und besprochen wurde. In der Baukunst findet man zahlreiche Motive, welche auf die arabisch-islamische Baukunst der Iberischen Halbinsel und teilweise – nach Beginn der Kreuzzüge am Ende des 11. Jh. – in Portalen, Kreuzgängen und Gewölbekonstruktionen, direkt auf den Orient verweisen. Auf dem Feld der Dichtung und der Musik waren die *Troubadours* (vom provenzalischen *trobar* = finden) Dichter und Sänger zugleich. Ausgehend von den Höfen Aquitaniens, des Languedoc und der Provence eroberte deren Ausdrucksweise, die von verfeinerter höfischer Eleganz bis zu volkssprachlicher Derbheit eine große Bandbreite aufwies, große Teile Europas und der feudalen Adelsgesellschaft. Während wir die Lyrik und die Texte, die meist das Lob der Frau und der Liebe zum Inhalt haben, in mehr als 2500 Dichtungen vor Augen haben, wissen wir über die dazugehörigen Melodien sehr viel weniger. Aber auch hier sind arabische Einflüsse aus dem gesamten Mittelmeerraum nicht zu übersehen.

Auch wenn sie sich der okzitanischen Volkssprache in all ihren Facetten bediente, war die Troubadourlyrik zuallererst eine höfische Kunst. Schon unter den ersten Dichtern finden sich noch im 11. Jh. Herzog Wilhelm IX. von Aquitanien, späterhin der unstete König Richard Löwenherz von England und der Stauferkaiser Friedrich II. in Sizilien und Deutschland. Fahrende Ritter und Sänger bildeten das Rückgrat dieser Bewegung, die nicht zuletzt den *Troubadour* selbst von

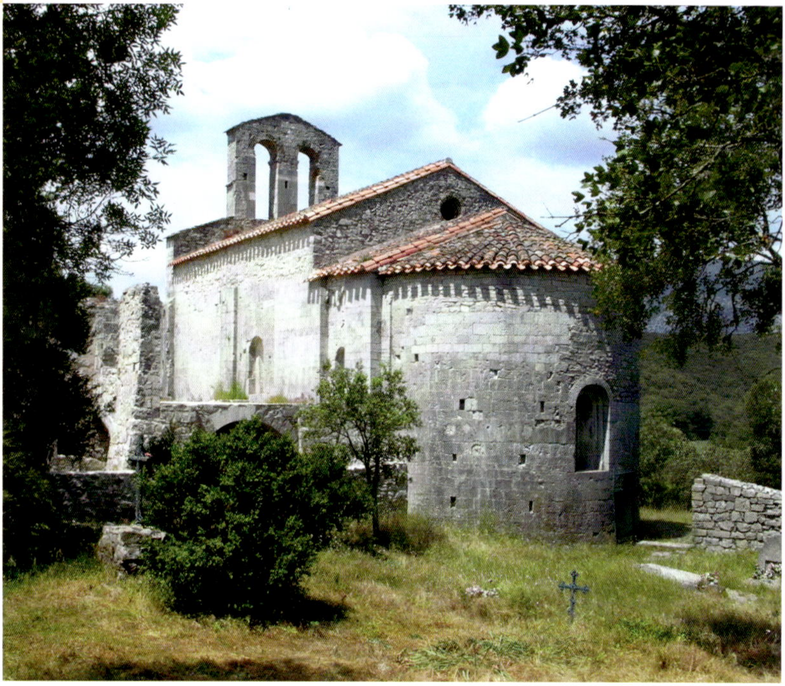

Die kleine romanische Kirche von St.-Étienne d'Issensac

den Zwängen, die sein Stand und die höfische Sitte ihm auferlegten, durch seine Dichtkunst befreiten. Mit der Troubadourlyrik erreichte die europäische Adelskultur, ausgehend von den gesegneten Landschaften des französischen Südwestens, eine einsame Höhe in ihrer geistigen Entwicklung. Selbstverständlich sind die Schilderungen dieser Kultur nicht frei von Übertreibungen und Idealisierungen. Man sollte nicht vergessen: Neben verfeinerter Lyrik übte sich die europäische Adelsgesellschaft tagtäglich in Krieg und Gewalt, die weder vor Familienbanden noch vor Kirchentüren Halt machten. Das sollte gerade der französische Südwesten im 13. Jh. bitter erfahren müssen – und nebenbei bis zum Ende des 13. Jh. die Lieder der südfranzösischen *Troubadours* vollständig verstummen lassen.

Kriege und Katastrophen

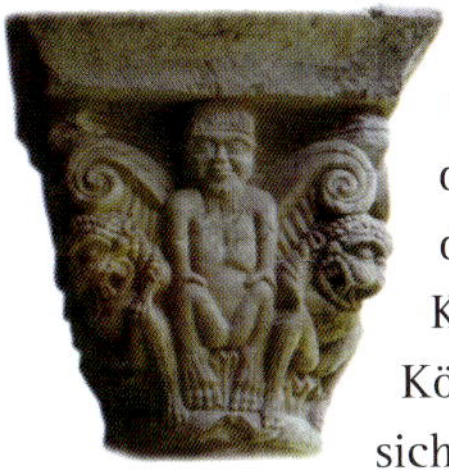

Die über den Südwesten Frankreichs hereinbrechenden Katastrophen begannen pünktlich zum Auftakt des 13. Jh. Im letzten Jahr des alten Säkulums hatte König Richard Löwenherz, Herzog von Aquitanien, König von England und Herrscher über ein Reich, das sich von Schottland bis zu den Pyrenäen erstreckte, vor der Burg von Chalus im Limousin sein Schicksal ereilt. Ein von einer Armbrust, der von jedem ritterlichen Krieger geschmähten und geächteten, gleichwohl hoch effektiven Schusswaffe, abgefeuerter Schuss hatte dem Leben des ritterlichen Königs, Kriegers und Kreuzfahrers, Abenteurers und *Troubadours*, der allerdings kaum mit den Gaben eines Herrschers ausgestattet war, ein Ende gesetzt. Damit begann im Süden und Westen Frankreichs eine 250-jährige Kriegszeit, die durch die zwischenzeitlichen Friedensschlüsse nur für wenige Jahrzehnte einer trügerischen Hoffnung unterbrochen wurde. Die Eroberung der Länder der englischen Könige in Frankreich durch deren natürlichen Rivalen, den französischen König Philippe II. Auguste, begann wenige Jahre später im Jahr 1202 und führte in kurzer Zeit zur weitgehenden Zerschlagung des seit 1154 bestehenden „Angevinischen" Reiches der englischen Könige auf dem Territorium des Königreichs Frankreich. Eine endgültige Entscheidung war durch die schnellen Anfangserfolge Philippe II. Augustes in dem nun einsetzenden Ringen zwischen England und Frankreich durchaus nicht gefallen. Trotz der noch ins 13. Jh. datierenden zahlreichen Waffenstillstände und der Friedensschlüsse von 1258 und 1298 blieben England und Frankreich Rivalen und Kriegsgegner. Es ging im Wesentlichen um die englischen Besitzungen in der Guyenne und in der Gascogne, im Périgord und im Quercy. Das heißt, der endlose Krieg fand im Südwesten Frankreichs statt, auf dem Rücken der dortigen Bevölkerung und zu Lasten von deren Wirtschaft und Kultur. Doch es sollte noch schlimmer kommen.

In den Konflikten des 13. Jh. ging es eigentlich nur um das Verhältnis des Herzogs von Aquitanien – des englischen Königs – zu sei-

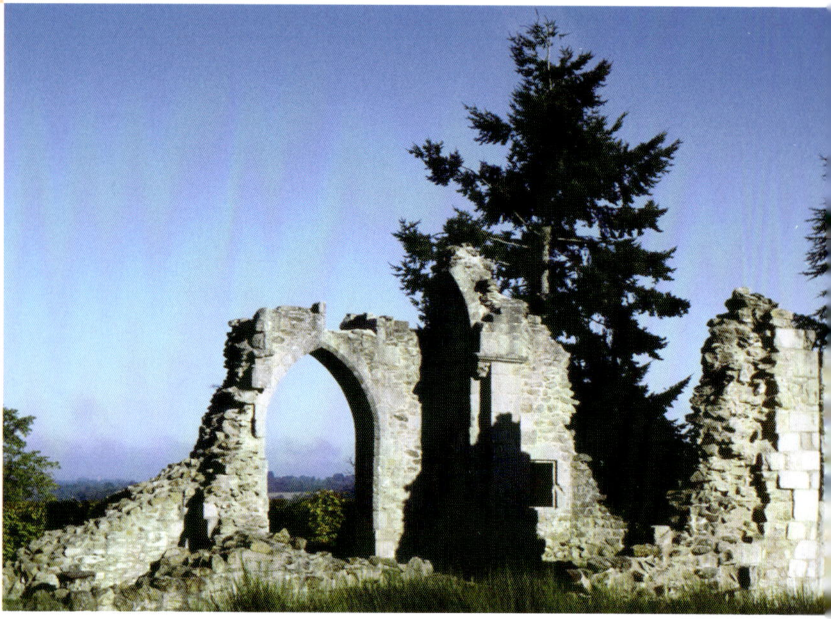

Die Burg Chalus im Limousin. Hier starb König Richard Löwenherz

nem Oberherrn, dem französischen König, der seinen Machtanspruch nicht nur anerkannt, sondern auch politisch und militärisch durchgesetzt sehen wollte. Im kommenden 14. Jh. wurde der Konflikt auf eine ganz andere, grundsätzlichere Ebene gehoben. Nun ging es um nichts weniger als um die Frage, wer von den beiden Rivalen in Frankreich König heißen sollte. Als nämlich, was Jahre zuvor schon absehbar war, im Jahr 1328 in Frankreich das Königshaus der älteren Kapetinger im Mannesstamm ausstarb, beanspruchte Eduard II. von England als Enkel König Philipps IV., nach traditionellem mittelalterlichem Rechtverständnis zu Recht, die französische Krone für sich. Er hatte dabei nur übersehen, dass in den beiden abgelaufenen Jahrhunderten die Anschauungen über das französische Staatswesen sich von einem dynastischen zu einem nationalen Verständnis hin entwickelt hatten, was von den letzten Kapetingerkönigen und ihren Juristen zwar etwas fadenscheinig, aber im Einklang mit der öffentlichen Meinung, in ausführlichen Urkunden festgeschrieben worden war. Es spielte dabei überhaupt keine Rolle, dass die dazu herangezogene Rechtsgrundlage, die frühmittelalterliche „Lex Salica", eigentlich nur Immobilienfragen und keineswegs die dynastische Erbfolge regelte. In Frankreich wollte, zumal nach einem Jahrhundert der kriegerischen Auseinandersetzungen, niemand den englischen König auf dem Thron sehen.

Der englische König ließ sich denn auch Zeit, seine Ansprüche militärisch geltend zu machen. Eigentlich ging es ihm ja weniger um die französische Krone als vielmehr um Südwestfrankreich, wo nach permanentem Kleinkrieg von der Guyenne und der Gascogne nur noch ein schmaler Streifen zwischen Bordeaux und Bayonne übrig geblieben war. Auch im französischen Flandern, dem Exportgebiet für die englische Wolle, entwickelten die Engländer weitreichende Interessen. Das waren die wichtigsten, wenngleich nicht die einzigen Gründe für den Ausbruch des Hundertjährigen Krieges, der von 1346 bis 1453 ganz Frankreich verwüsten und beide Nationen in die völlige Erschöpfung ihrer natürlichen Reichtümer treiben sollte. Kurzfristig errangen die Engländer durch die waffentechnische Überlegenheit ihrer Langbogenschützen die beeindruckenden Siege von Crecy 1346, Maupertuis/Poitiers 1356, wo gar der französische König Johann II. für vier Jahre in englische Gefangenschaft geriet, und noch von Azincourt 1415. Langfristig waren sie jedoch der französischen Seite, die sich auf die größere Bevölkerungszahl, die besseren Ressourcen und auf die weitverbreitete Ablehnung der Engländer stützen konnte, unterlegen. Die Folge war, ungeachtet zahlreicher Waffenstillstände, Friedensschlüsse und Parteienwechsel des französischen Hochadels, ein mehr als einhundertjähriger Kleinkrieg, der gerade in den unwegsamen Territorien des Südwestens mit Rücksichtslosigkeit und Brutalität geführt wurde, woran lokale Banden und Söldnerführer einen ebenso großen Anteil hatten wie die „offiziellen" Heere der Kontrahenten. Heute noch zeugen Tausende von Burgen im Südwesten von diesen schlimmen Zeiten. Zurück blieb ein ausgelaugtes und verarmtes Land.

Ketzer und Protestanten

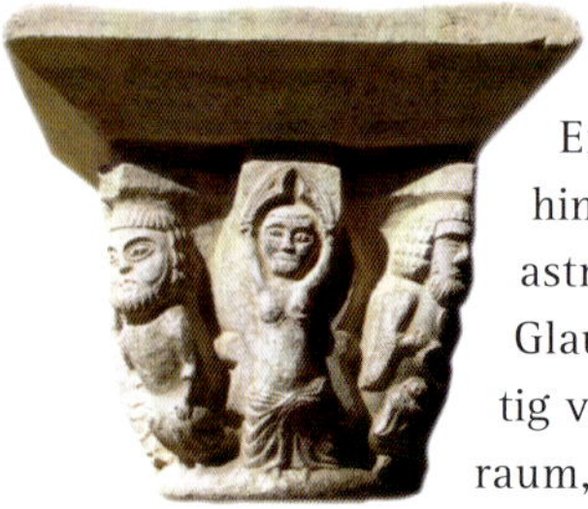

Parallel zu dem langen Konflikt zwischen England und Frankreich und noch darüber hinaus ereilten den französischen Südwesten Katastrophen, die ihren Ursprung auf dem Feld des Glaubens hatten, aber deshalb nicht weniger blutig verliefen. Die Verbindungen in den Mittelmeerraum, die über Italien und den Balkan bis ins Byzantinische Reich reichten, und die latente Ablehnung jeglicher Ansprüche des fernen französischen Königtums und der mit diesen Mächten verbündeten katholischen Kirche begünstigten auch Entwicklungen ganz anderer Art, die letztlich dazu beitragen sollten, die im 11. und 12. Jh. aufblühende Kultur des französischen Südwestens binnen eines Jahrhunderts zu zerstören. Aus dem griechischen Osten fanden im Verlauf des 12. Jh. die Ideen der Bogumilen, einer Mischung aus dualistischen Gottesvorstellungen persischen Ursprungs und urchristlichen Gedankengutes ihren Weg über Oberitalien nach Südfrankreich. In den Zeiten, da die katholische Kirche unter großem Reformdruck stand und das Armutsideal des frühen Christentums den Menschen als wahres gelebtes Christentum gepredigt wurde, fanden diese Ideen vor allem bei den unter den Abgabenforderungen des katholischen Klerus stöhnenden kleinen Bauern und dem durch Erbteilungen verarmten Kleinadel Südwestfrankreichs rasche Verbreitung. Die Katharer (i. e. die Reinen, abgeleitet davon ist die deutsche Bezeichnung Ketzer) oder auch Albigenser waren ebenso sehr eine religiöse wie auch soziale Reformbewegung, allerdings außerhalb der katholischen Kirche und frontal gegen diese gerichtet.

Die Einzelheiten dieser neuen Religion und den vollständigen Ablauf der Ereignisse vom Katharerkreuzzug 1210 bis zur Ausrottung der Bewegung 100 Jahre später zu berichten, würde den Rahmen dieser kleinen Schrift sprengen. Diese Arbeit hat in vorzüglicher Weise Malcolm Lambert in seiner „Geschichte der Katharer“ geleistet. Für die Entwicklung in Südwestfrankreich ist zu verzeichnen, dass während

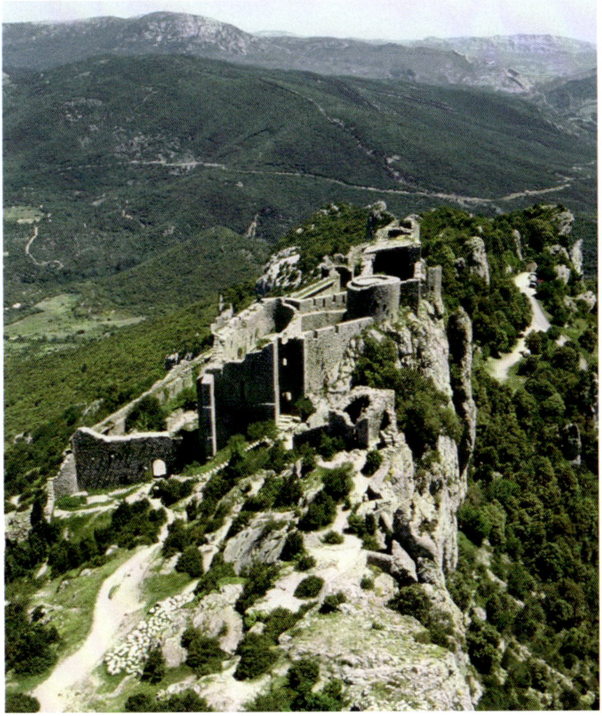

Die Katharerburg und spätere französische Grenzfestung Peyrepertuse

der brutalen Ausrottung der Katharer durch die katholische Kirche, die Inquisition und die nordfranzösische Ritterschaft im 13. Jh. Gott keinesfalls in diesem Land gelebt oder auch nur einen Gedanken an die unglücklichen Menschen verschwendet haben kann. Die von der Kirche abgeurteilten „Ketzer“, meist einfache, schriftlose und ungebildete Menschen, denen lediglich die gelebte Bedürfnislosigkeit und Armut der katharischen Prediger, der *Perfecti*, ein Vorbild war, wussten oft kaum wie ihnen geschah, wenn sie auf den Scheiterhaufen standen oder, im günstigeren Fall, mit Vermögenseinzug und dem Tragen des Kainsmales der Ketzer bestraft wurden. Im Bunde mit der Kirche aber war der französische König, dem mit der Vernichtung der Führungselite des französischen Südens die so lange ersehnte Herrschaft über deren Territorien gleichsam zu Füßen gelegt wurde.

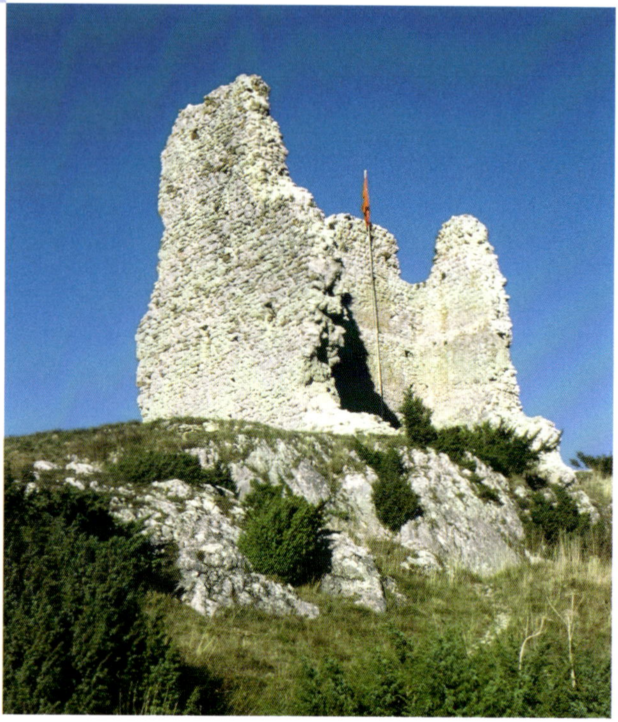

Die Burg von Montaillou. Hier wurden zu Beginn des 14. Jh. die letzten Katharer ausgerottet

Der Sieg von Kirche und König am Ende des 13. Jh. war total, aber er hinterließ ein unterjochtes Land, demoralisierte Menschen und eine zerstörte Kultur. Von dieser Katastrophe sollte sich das Land über viele Jahrhunderte hinweg nicht mehr erholen. Nur das Protestpotential in der Bevölkerung gegen Staat und Kirche sollte nie mehr verglimmen. Als im 16. Jh. Luther, Calvin und Zwingli mit ihren reformatorischen Ideen erneut an den Grundfesten der katholischen Kirche rüttelten, da fanden die Protestanten den Boden im französischen Südwesten noch immer bereitet.

Während im Norden das politsche und wirtschaftliche Zentrum des Landes, die Stadt Paris, unter dem Einfluss des Klerus und der mächtigen Sorbonne im 16. Jh. immer beim alten Glauben verblieb, wandte sich das wirtschaftlich aktive Bürgertum in den Städten des Südwestens seit 1541 in Scharen der in Frankreich unter dem starken Einfluss des Genfer Reformators Johann Calvin stehenden Bewegung zu. Es ist nicht übertrieben, von einer Massenbewegung hin zu den neuen Glaubenswahrheiten zu sprechen. Die Gründe hierfür sind vielschichtig. An erster Stelle stand sicher die, nicht nur auf Frankreich beschränkte Abneigung gegen einen katholischen Klerus, der, mit den Maßstäben der Bibel gemessen, dem einfachen Volk nur noch als eine raffgierige, machtbesessene und völlig verweltlichte Ausbeuterschicht entgegentrat. Einzelne rühmliche Ausnahmen, etwa unter den humanistisch gebildeten Klerikern, vermochten dieses Bild nicht wesentlich zu verändern. Mit der Kirche aber stand das Königtum seit dem hohen Mittelalter in einer unlösbaren Verbindung. Mochte die direkte Erinnerung an die unheilvolle Koalition dieser beiden Mächte in den mörderischen Albigenserkriegen auch verblasst sein, im kollektiven Gedächtnis des okzitanischen Südens war die latente Opposition gegen den dominierenden Norden noch lebendig und unterstützte zumindest aus dem Unterbewusstsein die Hinwendung zur befreienden Botschaft der Reformatoren – gegen König und katholische Kirche.

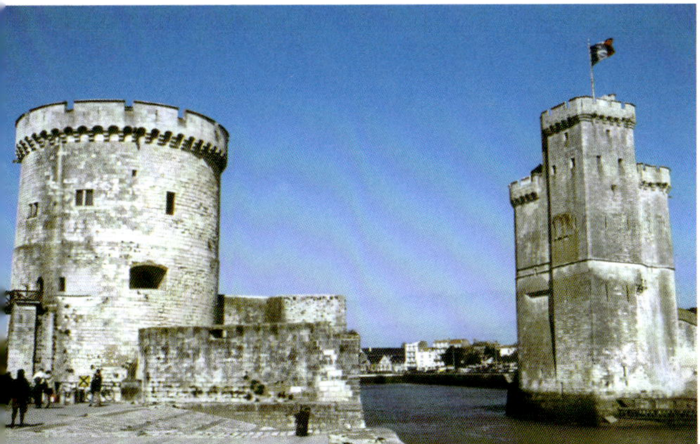

Die Hafenbefestigungen von La Rochelle, im 16. und 17. Jh. ein Zufluchtsort der Protestanten

Am Ende zahlte der französische Südwesten abermals einen hohen Preis. Die Religionskriege in der 2. Hälfte des 16. Jh. – der Plural steht für acht voneinander unterscheidbare Kriegsphasen, aber in Wahrheit war es ein einziges Morden, Plündern und Brennen – endeten zwar 1598 unter dem Einfluss des klugen und ehedem selbst protestantischen Königs Heinrich IV. im Toleranzedikt von Nantes 1598 mit einem Kompromissfrieden. Aber schon dessen Enkel, der Sonnenkönig Ludwig XIV., verfügte 1685, keine einhundert Jahre später, die Aufhebung des Ediktes von Nantes, worauf mindestens 300 000 protestantische Hugenotten, darunter viele aus der wirtschaftlichen Elite des Südwestens, Frankreich für immer verließen. Die Einheit Frankreichs erforderte aus der Sicht des sich nun am Hof von Versailles immer deutlicher mit all seinen negativen Begleiterscheinungen herausbildenden Ancien Régime auch die Einheit im Glauben, koste es, was es wolle. Und es kostete viel. Die französischen Armutsregionen des 18. und 19. Jh. im Languedoc und im Zentralmassiv, mehr noch im Quercy und im Périgord, gehen nicht zuletzt auf diesen wirtschaftlichen Aderlass zurück.

Die Französische Revolution, und mit ihr soll diese lange historische Betrachtung des Südwestens geschlossen sein, fand in den südwestlichen Territorien zahlreiche Anhänger, auch wenn sie mit ihrem jakobinischen Zentralismus dem Land weder Freiheit noch Wohlstand bringen sollte. In der weiten und vielfältigen, bis zum heutigen Tage von den Kirchen und Klöstern der Romanik geprägten Landschaft, führte sie vor allem zu einem – auf den ersten Blick paradox anmutenden – Ergebnis: Gott wurde abgesetzt, verfolgt oder zumindest in den einstweiligen Ruhestand geschickt. Es ist daher an der Zeit, einen genaueren Blick auf den Titel dieser kleinen Schrift und das geflügelte Wort „Leben wie Gott in Frankreich" zu werfen. Wir verstehen heute darunter ein Dasein im Schlaraffenland, in dem das Feuer im Küchenherd nie ausgeht und eine endlose Folge erlesener Speisen, eingenommen unter schattigen Pergolen und in blühenden Gärten das Leben zum immerwährenden Genuss werden lässt. Die wirkliche Aussage dieses Sprichwortes ist jedoch wie der französische Südwesten, in dem man dessen Botschaft angesiedelt glaubt, viel differenzierter. Das reicht bis zum Gegenteil dessen, was uns die schöne Phrase eigentlich zu vermitteln scheint.

Gott in Frankreich – ein zwiespältiges Vergnügen

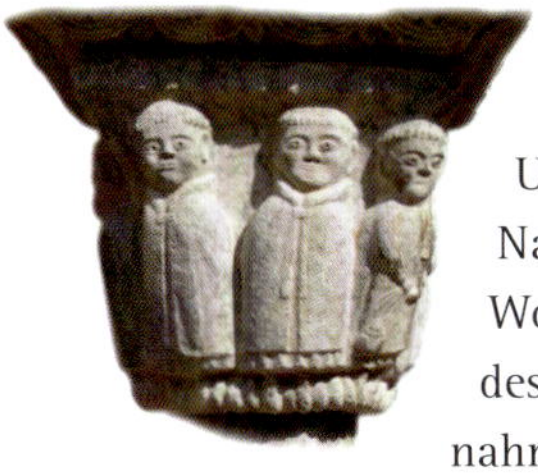

„Leben wie Gott in Frankreich" wird in seinem Ursprung heute auf verschiedene Weise gedeutet. Nach der *Revue des deux mondes* ist mit diesem Wort ursprünglich die französische Geistlichkeit des Mittelalters gemeint, die es sich mit ihren Einnahmen aus Pfründen, Renten und Abgaben außerordentlich gut gehen ließ. Das klingt in der Tat plausibel, denn dem bis heute wahrnehmbaren Reichtum der Kirchenkultur, von dem die das alles ab 1789 hinwegfegende Französische Revolution ohnehin nur einen Teil übrig gelassen hat, entsprach der Reichtum des Klerus, seien es Bischöfe, Äbte, Kapitelsherren oder auch nur die Inhaber einer gut dotierten Pfarrstelle. Selbst die sich in schöner Regelmäßigkeit auf das Armutsgebot des frühen Christentums besinnenden Reformorden wie die Zisterzienser erlagen spätestens nach einem Jahrhundert ihres Bestehens den Verlockungen eines guten Lebens. Wenn es tatsächlich der mittelalterliche Klerus und nicht etwa der liebe Gott selbst war, der es sich in Frankreich so wohl ergehen ließ, dann wird auch verständlich, warum die dicken Bäuche der Priester und Mönche so leicht zum Angriffsziel der asketischen Albigenser und der reformwilligen Hugenotten werden konnten. Da diese Bewegungen ihren stärksten Rückhalt im Südwesten des Landes fanden, muss es den Repräsentanten der heiligen Mutter Kirche hier besonders gut gegangen sein. Kein Wunder bei den Möglichkeiten, die dieses gesegnete Land bot – bevor die jahrhundertelangen Kriege und Ausplünderungen diesen Reichtum erst einmal deutlich begrenzten.

Eine weitere Version dieses Sprichwortes wird dem deutschen Kaiser Maximilian I. zugeschrieben. Dieser habe einmal geäußert, wenn es möglich sei, dass er selbst die Stelle Gottes einnähme und er zwei Söhne habe, dann solle der ältere nach ihm Gott sein, der jüngere aber König in Frankreich. Aus diesen Worten spricht sowohl die Wertschätzung des westlichen Nachbarlandes, das sich zu Beginn des 16. Jh. von den schweren Schäden der langen Kriegszeit des Mittelalters wieder erholt hatte und zu den reichsten Ländern Europas zählte, als auch die Tatsache, dass der im Reich weitgehend machtlose deutsche Herrscher seinen in frühabsolutistischer Weise uneingeschränkt herrschenden Kollegen um dessen Machtfülle beneidete. Es muss allerdings offen bleiben, ob diese anekdotenhafte Überlieferung wirklich zum Kern des Sprichwortes geworden ist, bezieht sie sich doch mehr auf die positiven Rahmenbedingungen in Frankreich zu Beginn der Renaissance als auf das individuelle Wohlleben, allem voran das gute Essen und Trinken.

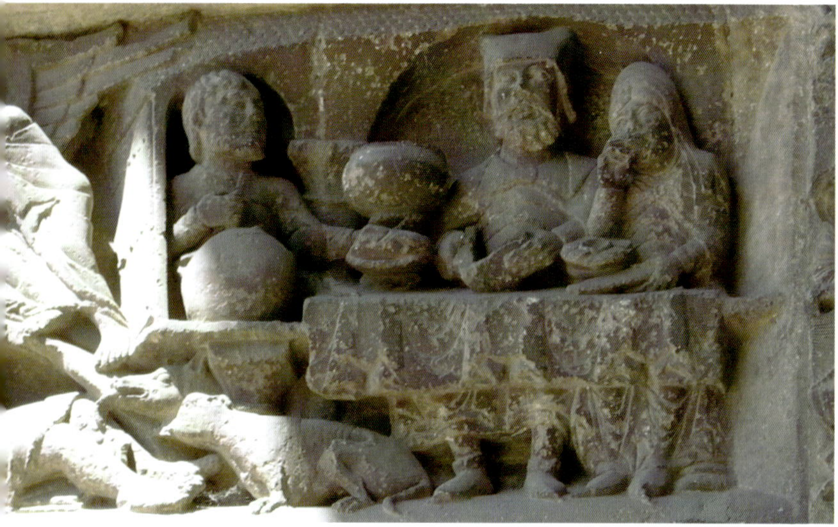

Priesterleben im mittelalterlichen Frankreich? Der reiche Prasser und der arme Lazarus am Portal der Abteikirche von Moissac

Heute wird das Sprichwort „Leben wie Gott in Frankreich“ meist im Zusammenhang mit der Situation der Kirche in der Französischen Revolution gedeutet. Doch auch da finden sich durchaus noch unterschiedliche Interpretationen. Zum einen heißt es da, Gott sei durch die Revolutionäre schlicht und einfach abgesetzt und in den Ruhestand geschickt worden. Gott, oder besser: seine klerikalen Vertreter auf Erden, hätten also nichts mehr zu tun und zu besorgen gehabt, weshalb man mit diesem Sprichwort zwischen 1792 und 1794 sowohl jemanden charakterisierte, der es sich allzu bequem machte, als auch mit dessen persönlicher Lebenseinstellung auch das revolutionäre Frankreich persiflierte. Eine solche Interpretation heißt jedoch, die wahre Lage der Kirche in den ersten fünf Jahren der Französischen Revolution gründlich zu verkennen. Die katholische Kirche hatte in Frankreich, nicht erst seit dem *Ancien Régime*, allerhand auf dem Kerbholz, weshalb sich der Zorn der Revolutionäre neben dem Adel vor allem gegen die Kirche richtete. Die Guillotine warf nun bis zum Ende der Schreckensherrschaft Robespierres ihren Schatten auf die Nacken zahlreicher Priester und Bischöfe. Verfolgung und Tod waren der Preis für jahrhundertelange Herrschaft und Unterdrückung. Ein „Leben wie Gott in Frankreich" nach unseren heutigen Maßstäben war das für den Klerus gewiss nicht.

Da kommt die zweite Deutung des Sprichwortes im Zusammenhang mit den revolutionären Ereignissen ab 1789 der Wirklichkeit doch sehr viel näher. Wenn es damals hieß, es führe einer ein Leben wie Gott in Frankreich, so war damit eine elende Situation in Armut und Verfolgung gemeint, genau so, wie es Gott und der Kirche in Frankreich wirklich erging. Gott und seiner Kirche ging es tatsächlich grottenschlecht in dem einst gerade für Kleriker so gesegneten Land. Damit verkehrt sich das Sprichwort in seinen Anfängen geradewegs in das Gegenteil seiner heutigen Bedeutung. Leben in Frankreich, das waren im letzten Jahrzehnt des 18. Jh. nicht üppige Tafelfreuden und Luxus, sondern miserable Lebensumstände, Entbehrung und Todesangst. Und das galt nicht für die Kirche allein. Gerade der Südwesten war in einem langen Niedergang in vielen Gegenden zum Armenhaus Frankreichs geworden. Der französische Zentralismus zog seit dem hohen Mittelalter die besten Kräfte nach Paris, wo selbstverständlich auch das gute Leben zu Hause war. Mochte die Königslandschaft entlang der Loire noch von der Nähe zur Île-de-France profitieren, die ferneren Provinzen lagen vollständig im Abseits. Wie der arme Lazarus am linken Seitengewände des Portals von Moissac bekamen sie bestenfalls einige Brosamen vom Tisch der reichen Prasser in Paris und Versailles. Nein, so haben wir uns ein Leben wie Gott in Frankreich nicht vorgestellt.

„Leben wie Gott in Frankreich", da reden wir doch weniger vom Dasein und dem Befinden des lieben Gottes als vielmehr von seiner Schöpfung, dem irdischen Paradies. Doch selbst die Bäume im Paradies werfen Schatten. Schon Adam und Eva mussten unter dem Baum der Erkenntnis diese bittere Erfahrung machen. Paradiese sind eine trügerische Angelegenheit, Sprichwörter, die das Paradies zum Gegenstand haben, ebenso. Kehren wir also in die heutige Lebenswirklichkeit des Sprichwortes und damit an die gedeckten Tische Südwestfrankreichs zurück, zum Beispiel ins Périgord, wo nach einer Umfrage von 1996 60 Prozent aller Franzosen die beste regionale Küche des Landes angesiedelt sehen. Es wird Zeit, nachdem die langen dunklen Jahrhunderte des französischen Südwestens an uns vorübergezogen sind, dass wir uns den Sonnenseiten dieses Landstriches zuwenden.

Das Fest der Sinne

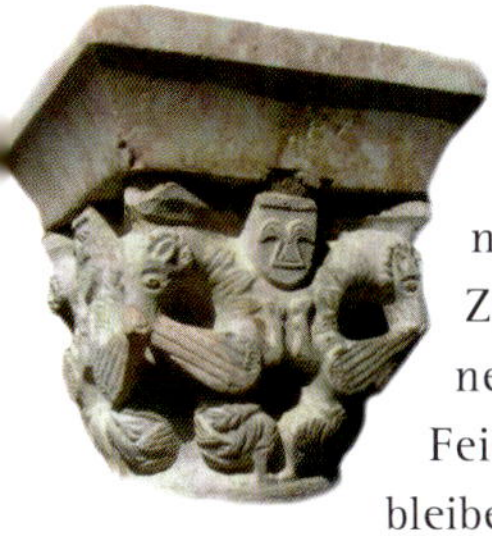

„Es gibt nichts Besseres als etwas Gutes", dieser ebenso banale wie wahre Satz ist durchaus geeignet, dem Liebhaber eines schmackhaften Essens den Zugang zur Küche des Périgord und weiterer Regionen im französischen Südwesten zu eröffnen. Der Feinschmecker, der Liebhaber der Nouvelle Cuisine, bleibe zunächst einmal außen vor. Anschließend mag er mit am Tisch sitzen, den Ton geben jedoch andere an. Denn die Küche des Périgord ist von ihrem Ursprung her eine Bauernküche, serviert wird das Essen der einfachen Leute. Nahrhaft und sättigend mussten die Gerichte sein, sei es dass in früheren Zeiten harte Arbeit auf den Feldern und im Weinberg zu leisten war, sei es, dass mit der nächsten Missernte oder Plünderungen durch räuberische Eindringlinge Zeiten des Mangels bevorstanden, die besser zu überstehen waren, wenn man sich wenigstens zeitweise satt gegessen hatte. Fleisch, vor allem von Enten, Gänsen und Niederwild, wird deshalb selten frisch in der Küche verarbeitet, sondern gekocht und in eigenem Fett eingemacht. Auf diese Weise hält es sich schon in der Speisekammer wochenlang, mittlerweile gibt es das *Confit* in Dosen, wodurch es lange gelagert bzw. über weite Strecken versandt werden kann. Überhaupt unterliegen Fett, Schmalz und Mehl als Zutaten keiner Beschränkung, die Zubereitung der Speisen ist einfach, eine aufwendige Verfremdung durch exotische Zutaten ist Sache der einheimischen Köchinnen und Köche nicht.

Die Produkte des Landes kommen direkt von den Feldern und Gärten, von den Wiesen und Weiden und, nicht zuletzt, aus den Gewässern und Wäldern unverfälscht auf den Tisch. Diese Küche der ursprünglich armen Leute bringt es mit sich, dass alles verwertet wird, was essbar ist. *Gesiers*, gekochte Gänsemägen, die in der Regel einen bunten und knackigen Salat garnieren und verfeinern, sind eine wahre Delikatesse. Weitere Fleischreste wandern zusammen mit Kräutern in den *Cou Farcie*, den gefüllten Gänse- oder Entenhals. Fett wird nicht nur zum Braten oder Einmachen verwendet, sondern als Schmalz mit

Fleischresten zur köstlichen *Rillette* verarbeitet. Für eine hausgemachte Entenrillette mit einem Stück Weißbrot und einem kräftigen einheimischen Rotwein, etwa aus Cahors oder den Weinbergen von Bergerac kann auch der verwöhnte Gaumen auf Hummer und Champagner verzichten. Ach ja, die Feinschmecker, sie werden wohl inzwischen Appetit bekommen haben. Auf die Annehmlichkeiten der *Haute Cuisine* müssen auch sie nicht verzichten. Wer denkt bei der Erwähnung von Périgord und Quercy nicht an die Trüffel. Sie sind das Gold, das aus dem Waldboden dieser Landschaften geschürft wird, aber eben, wie fast alles hier, ess-, nein, genießbar. Man muss nun wiederum nicht gleich an feine getrüffelte Pasteten, raffinierte Fleischgerichte und Marinaden denken. Schon ein Rührei mit Trüffeln, obgleich ein aufpreispflichtiges Vergnügen, genossen im halbverwilderten Garten eines kleinen Restaurants auf dem Lande, kann ein unvergessliches Vergnügen bescheren. Dieses Gericht steht dem von Brillat-Savarin so liebevoll und listig zubereiteten Rührei mit Lammbratensaft in nichts nach. Den Trüffeln folgen, mit deutlich fallendem Preisniveau bei unverändert hohem Genuss, weitere Früchte des Waldes, Steinpilze, Morcheln, Pfifferlinge und andere mehr. Es gibt sie gefüllt oder gebraten, als Beilage, in Pasteten und Salaten. Den Pilzen folgen die Nüsse, Walnüsse und

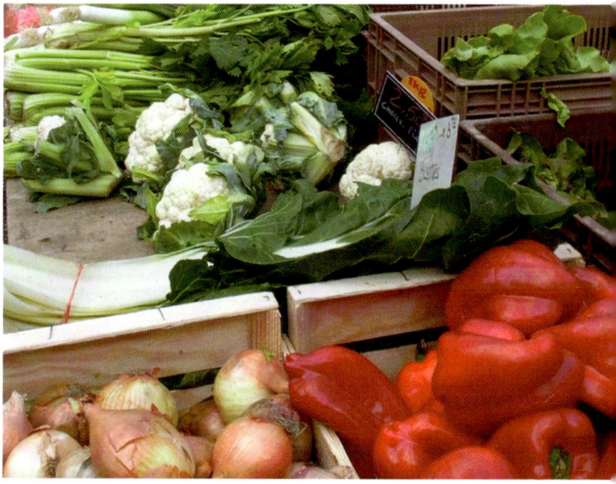

Das Auge isst mit. Markttag im französischen Südwesten

Haselnüsse, die nicht allein vom Salat über den Käse bis zum Kuchen eine ganze Mahlzeit begleiten können, sondern auch zu köstlichen und aromatischen Ölen verarbeitet werden.

Von den Fleischgerichten war schon kurz die Rede. Das Rind ist hier meist ein reines Fleischvieh, weshalb zahlreiche Käsesorten, z. B. der Cabècou oder der Cailladou, aus Ziegenmilch hergestellt werden. Das in den dichten Wäldern hausende Wildschwein oder das Niederwild wird der Reisende in seiner Wahrnehmung zumeist nur auf dem Teller eines Restaurants antreffen. Auf Rind- und Schweinefleisch von artgerecht auf ausgedehnten Weiden gehaltenen Tieren muss der Gast ebenfalls nicht verzichten. Untrügliches Kennzeichen dafür, dass man im Périgord oder im Quercy angelangt ist, sind jedoch die großen Gänse- und Entenfarmen mit ihren schnatternden Herden. Freilandtierhaltung ist hier selbstverständlich und die Gegner der *Foie Gras*, der Enten- oder Gänsestopfleber, kommen, wenn sie denn je eine Geflügelfarm besuchen, aus dem Staunen nicht heraus, wenn sie die intelligenten Tiere, als die zumindest die Gänse gelten dürfen, sehen, wie sie sich freiwillig zur Fütterung in Form des „Stopfens" einfinden. Im Gegensatz zu den Tierschützern scheint den Tieren diese kurze und konzentrierte Art der Nahrungsaufnahme zu behagen.

Ein Essen im Südwesten Frankreichs mag durch einen vorzüglichen Fleischgang ausgezeichnet sein, ohne Vorspeisen, Käse und Nachtisch geht gar nichts. Der heutige Reichtum des Landes an Obst und Gemüse ist legendär. Zwischen Atlantik und Mittelmeer wächst an Obst und Gemüse nahezu alles, was den Gaumen und – nicht zu vergessen – das Auge erfreut. Man gehe nur über einen beliebigen Wochenmarkt, am besten in einer Kleinstadt, unter Platanen, mit viel Muße und der Bereitschaft, seine Sinne wecken zu lassen. Zuerst wird das Auge von der Vielfalt der Farben und Formen angesprochen, dann kommt die Nase angesichts der vielfältigen Gerüche zu ihrem Recht. Wenn dann noch die stattliche Inhaberin einer Rôtisserie oder der gewichtige Patron einer *Charcuterie* zum Probieren auffordern, kann sich niemand mehr diesem Fest der Sinne entziehen. Auch ein Asket bekommt irgendwann Appetit. Man geht umher, genießt, schwätzt ein wenig und kauft rechtzeitig ein – denn um zwölf Uhr ist der Spuk zu Ende. Dann klappen die Stände zusammen, wird der Platz leer und die umliegenden Restaurants füllen sich mit rundum zufriedenen Gestalten. Das ist *la France profonde*, die französische Provinz wie sie leibt und lebt. Und wie sie lebt. Charles de Gaulle hat einmal geklagt, es sei unmöglich, ein Land zu regieren, das allein mehr als 300 Käsesorten hervorbringe. Es geht – aber nur zwischen 12 und 14 Uhr, wenn endlich alle am Mittagstisch Platz genommen haben. Dem Reisenden, der keinen Platz im Restaurant am Markt mehr ergattert hat, sei mit seinen Einkäufen ein Picknick empfohlen. Ein schattiger Waldrand oder der Saum eines Weinberges finden sich immer.

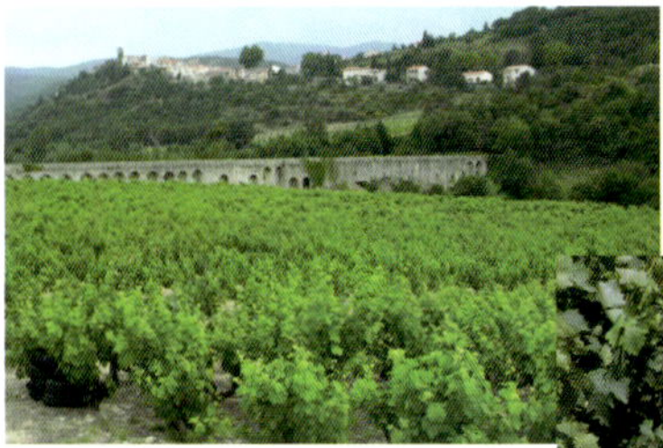

Weinberge im Fenouillèdes, rund um den römischen Aquädukt von Ansignan

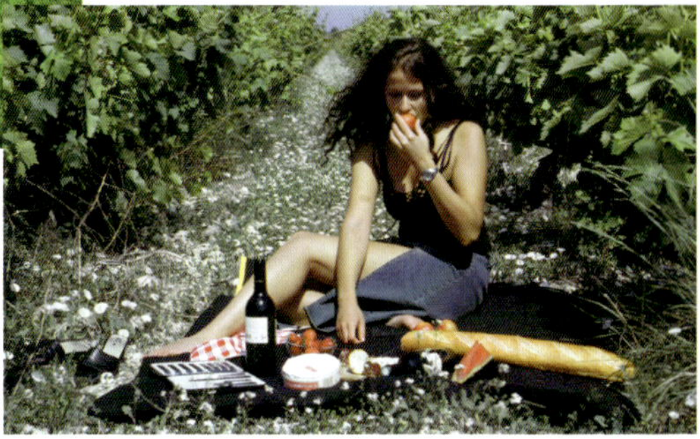

Einfache und schmackhafte Gaumenfreuden. Picknick am Rande eines Weinberges

Zum Essen gehört der Wein. Man kann den Weingenuss ablehnen, streiten kann man darüber nicht. Wir sind in Frankreich. Der Südwesten Frankreichs ist jedoch selbst Weinkennern ein Buch mit sieben Siegeln. Lassen wir Bordeaux und die zu Recht weltberühmten Weine des Medoc außerhalb unserer Betrachtung. Mit ein paar Zeilen ist dem nichts mehr hinzuzufügen. Schauen wir lieber auf die teils unbeachteten, teils geschmähten Weine der anderen Anbaugebiete des französischen Südwestens. Vergessen wir nicht, wir befinden uns in einem Bauernland. Die Weinbauern zählen dazu. Manch ein Tafelwein oder *Vin de Pays* hat erst in den letzten Jahrzehnten die Hürde zur Anerkennung als *Appellation Controlée* genommen. Ein verbesserter Rebschnitt und eine modernere Kellerwirtschaft müssen schon sein, wenn man sich in den Renommierligen des Weines behaupten will.

Und der Erfolg gibt den Winzern, die das Wagnis eingegangen sind, Recht. Cahors zum Beispiel, eine Region, die im 19. Jh. durch die Reblauskatastrophe von Weinsträuchern fast entblößt wurde, beginnt mit seinen tiefroten Weinen aus der Malbec- bzw. Auxerroistraube heute sogar, dem Bordelais eine ernsthafte Konkurrenz zu werden. Ähnliches gilt für das Anbaugebiet von Bergerac. Dessen ehedem süßen Dessertweine sind zu einem Gutteil Rotweinen auf der Grundlage der Bordeauxtrauben Cabernet-Sauvignon, Cabernet-Blanc, Merlot und Malbec gewichen, wobei die meisten Weine in gekonnter Abstimmung untereinander verschnitten werden. Ein besonderer Tipp ist der Pécharmant, nordöstlich von Bergerac, der als der edelste Rotwein dieser Region gilt. Wer aber kennt schon die *Appellation* von Gaillac westlich von Albi, die schon seit 1221 eine eigene und geschützte Herkunftsbezeichnung führt und zu den vielfältigsten Weinbaugebieten Frankreichs zählt? Vom Schaumwein nach der traditionellen Gaillac-Methode bis zum klassischen lagerfähigen Rotwein gibt es hier eine Fülle von Rot- und Weißweinen unterschiedlichen Charakters, die allesamt der Aufmerksamkeit wert sind. Die Rot- und Roséweine des Frontonnais, die trockenen Weißweine von Montravel, die klassischen Dessertweine von Montbazillac und ihre etwas spritzigere Variante des Jurançon von den Hängen des Béarn stehen für die Vielfalt der Weine im französischen Südwesten. Das Anbaugebiet Languedoc-Roussillon steht dem Südwesten nicht nach. Wo allzu lange die Massenweine des Herault und der Corbières das Bild der Region bestimmten, hat sich inzwischen einiges getan. Die Weine aus dem Fenouillèdes, den ersten Höhenzügen der Pyrenäen um Maury, Ansignan oder Cucugnan, haben durch verbesserte Anbaumethoden und Kellerwirtschaft ebenso Boden gutgemacht wie die edlen Tropfen aus dem Fitou und dem Minervois. Selbstverständlich haben die Muskatweine aus Rivesaltes ihren Rang behauptet, aber die Konkurrenz aus dem weiteren Languedoc holt auf. Wie die kulinarische ist auch die önologische Landschaft Südwestfrankreichs ein Terrain, das noch lange nicht erschlossen ist.

Eine romanische Landschaft

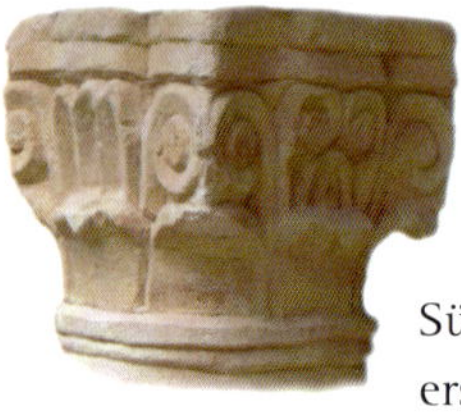

Vom Weinberg bis in die Kirche ist es bekanntlich nicht weit. Das Christentum hat bereits in den ersten Jahrhunderten unserer Zeitrechnung im Südwesten Frankreichs Fuß gefasst. Wann hier zum ersten Mal die Eucharistie gefeiert wurde, wird wohl niemals zu ermitteln sein. Die unterprivilegierten und zugleich – unter Zwang oder von den Umständen getrieben – mobilen Schichten im Römischen Reich, Soldaten und Händler, Freigelassene und Sklaven, dürften schon sehr früh die neue Lehre in die gallischen Provinzen gebracht haben. Die Wissenschaft geht von einer allmählichen Christianisierung ab dem 2. Jh. n. Chr. aus und betont die große Bedeutung der römischen Straßen, durch das Rhônetal nach Norden einerseits, über die *Via Domitia* nach Aquitanien und Spanien andererseits, für die Verbreitung der neuen Lehre. Von hier aus verbreiteten die teils namenlosen, teils nur in ihren legendenhaft ausgeschmückten Heiligenviten fassbaren Verkünder das Christentum in ganz Gallien. Mit Erfolg. Nach der vollen Anerkennung des Christentums unter Kaiser Konstantin dem Großen finden wir auf den zahlreichen Konzilien und Synoden des 4. Jh. auch viele Bischöfe aus den gallischen Provinzen.

Die spätantik-römische Kirche war eine Bischofskirche, die von der mediterranen Stadtkultur geprägt war. Jede Gemeinde in den *civitates*, aus denen zumeist die mittelalterlichen Städte hervorgingen, wurde von einem Bischof geführt, der für die geistlichen, sozialen und wirtschaftlichen Belange der Gläubigen und Katechumenen zuständig war. Ihm standen Presbyter und Diakone zur Seite, eine Gruppe von Klerikern, aus denen im Mittelalter die Domkapitel hervorgingen. Während sich so die Städte frühzeitig als Zentren des christlichen Glaubens in Gallien herausbildeten, blieb das flache Land z. T. bis tief in das Mittelalter hinein noch auf lange Sicht den heidnischen Traditionen treu. Schon bald nach der Konstituierung der Bischofssitze erreichte auch das christliche Mönchstum, ausgehend von Ägypten, Gallien, wo sich ab dem frühen 5. Jh. alsbald eine eigenständige Klosterkultur entwickelte. Diese empfing im 6. Jh. durch den vom hl. Benedikt von Nursia in Italien begründeten Benediktinerorden entscheidende Impulse und auch das vom hl. Columban geprägte iroschottische Mönchtum des 7. Jh. blieb nicht ohne Einfluss auf die gallische Mönchskirche. Letztlich setzte sich auf dem Boden des Frankenreichs die benediktinische und damit die mehr zum Mittelmeerraum hin orientierte Richtung klar durch. Die Bischöfe und die Äbte der Klöster waren denn auch im Verein mit den weltlichen Stiftern, welche die wirtschaftlichen Ressourcen zur Verfügung stellten, während des ganzen Mittelalters die Bauherren, denen wir die Meisterwerke der romanischen, in selteneren Fällen auch der gotischen Baukunst im Südwesten Frankreichs verdanken.

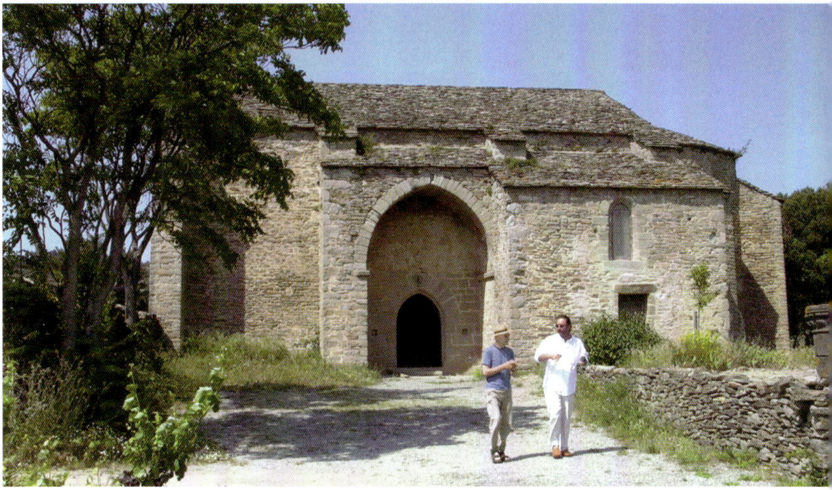

Eine der zahllosen kleinen romanischen Saalkirchen. Centeilles im Minervois

Wie im ganzen Land ist die Kirchenbaukunst des französischen Südwestens von einer unerhörten Vielfalt gekennzeichnet. Nur scheinbar steht diese Erkenntnis im Widerspruch zu der Feststellung, dass die Halle und der Saal die dominierenden Raumformen in der mittelalterlichen Baukunst des Südens sind, während die Basilika nur ein Dasein am Rande führt. Insbesondere bei der Saalkirche sind dabei Raumbilder wirksam geblieben, die sich bis in die Antike zurückverfolgen lassen.

Der römische Dianatempel in Nîmes, mit seiner nischenförmigen Wandgliederung, seinem mächtigen Tonnengewölbe und seinen Gurtbögen kann ohne weiteres sowohl für die wehrhafte Kathedrale von Agde wie auch für zahlreiche kleine Landkirchen, z. B. in Centeilles im Minervois oder in St.-Étienne-d'Issensac in den Cevennen das Vorbild abgegeben haben. Es handelt sich um einen einfachen, für viele Zwecke tauglichen und dennoch variationsreichen Raumtyp. Natürlich entsprach er zunächst einmal den bescheidenen Bedürfnissen einer dörflichen Gemeinde oder eines kleinen ländlichen Priorates.

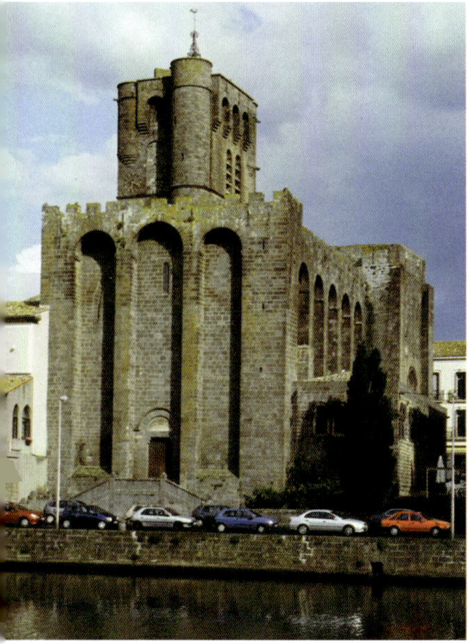

Festung und Gotteshaus zugleich. Die Kathedrale von Agde birgt einen riesigen Saalraum

Es ist jedoch die Saalkirche keineswegs ein Bauwerk der begrenzten finanziellen Mittel oder einer erzwungenen Bescheidenheit. Nicht wenige Bischofkirchen, von der heute einsam und verlassen im Meer liegenden Kathedrale von Maguelone aus dem 11. Jh. bis hin zu der gewaltigen gotischen Gottesburg von Albi aus dem 14. Jh., folgen dem Saalschema. Da ist nichts mehr von klammer Zurückhaltung zu spüren, wollte doch der Bischof von Albi seine ehedem den Katharern zuneigenden Schäfchen mit seinem außen festungsartigen, innen aber umso festlicheren Kirchenbau sowohl beeindrucken als auch einschüchtern. Auch dem Bestreben, selbst weite Innenräume einzuwölben, setzte die Saalkirche auf Dauer keinen Widerstand entgegen. Die kaum beachtete gotische Kirche von Mirepoix am Fuß der Pyrenäen aus dem 14.–16. Jh. besitzt mit einer Raumbreite von 31,60 Metern das gotische Gewölbe mit der größten Spannweite in ganz Frankreich.

Die Saalkirche ist auch die grundlegende Raumform für einen Kirchenbautyp, der so nur im Südwesten Frankreichs anzutreffen ist: die sog. aquitanische Kuppelkirche. Niemand, der eine dieser Kirchen betritt, wird sich dem Eindruck entziehen können, hier ein Bauwerk vor Augen zu haben, das vom Gedankengut des griechischen Osten, oder des Orients geprägt ist. Über einem langen Saalraum von zwei bis vier Jochen schweben scheinbar schwerelos mächtige Pendentifkuppeln byzantinischer Bauart, die ausschließlich von den kräftigen, in die Wand integrierten Pfeilern zwischen den einzelnen Jochen getragen werden. Die Wände selbst sind von den Lasten der Kuppeln unberührt und werden deshalb, je weiter das 12. Jh. fortschreitet, von großen Fenstern durchbrochen und von einer ausgewogenen Gliederung der Wände überzogen. Es lag nahe, die Kreuzfahrer für diesen orientalisierenden Stil verantwortlich zu machen. Jedoch erreichte der 1. Kreuzzug erst 1099 sein Ziel in Jerusalem, während doch die vermutlich älteste aquitanische Kuppelkirche, die alte Kathedrale St.-Étienne in Périgueux bereits zur gleichen Zeit, um 1100, begonnen wurde. Die meist mit St.-Étienne zusammen noch ins 11. Jh. datierte Kathedrale von Cahors war allerdings nicht vor 1109 im Bau, die Kuppeln wurden erst zwischen 1130 und 1140 eingewölbt. So schnell darf man sich den Transfer des komplizierten technischen Know-how der Pendentifwölbung über eine derart weite Strecke nicht vorstellen. Gewiss waren auch schon vorher Pilger ins Heilige Land gezogen, doch die scheinbar übergangslos auftretenden Saalkirchen mit

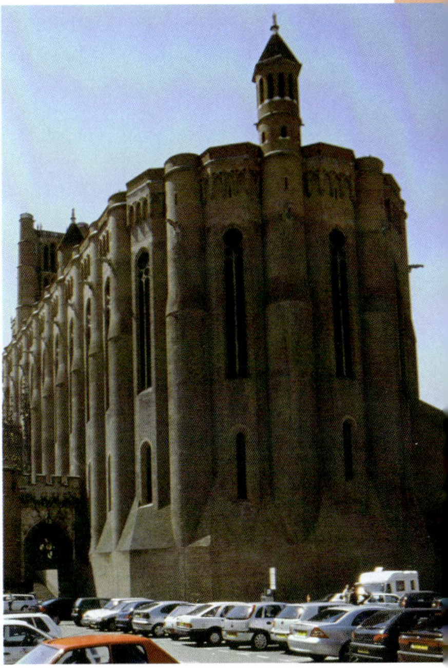

Die Kathedrale von Albi, außen ein drohendes Monument kirchlicher Macht, ist im Innern ein lichtdurchfluteter Saal

jochweiser Kuppelwölbung gaben den Forschern einige Rätsel auf. So begann man sich denn im Land selbst nach einheimischen Vorbildern umzusehen und stieß dabei auf die „Bories", kleine profane Kuppelbauten mit bis in die Vorzeit zurückreichender Tradition in der Wölbetechnik. Ob sie wirklich die Vorbilder abgaben, ist noch lange nicht geklärt. Auf jeden Fall zeigen sie an, dass man im französischen Südwesten keineswegs vom völligen Ende der Kuppelbautechnik nach der Römerzeit sprechen kann.

Unter den aquitanischen Kuppelkirchen gibt es allerdings einen Solitär, der seine Gestalt durchaus den Erinnerungen der Kreuzfahrer an die Bauten des griechischen Ostens verdanken kann, die Kreuzkuppel-

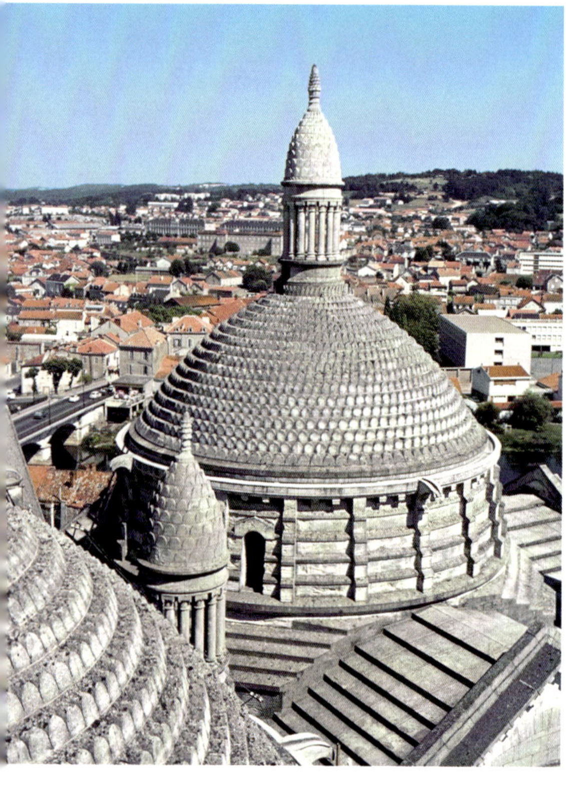

Die phantastische Dachlandschaft von St.-Front in Périgueux

kirche von St.-Front in Périgueux. Auch wenn die entstellende und an die „Erzählungen aus 1000 und einer Nacht" erinnernde „Restaurierung" von Paul Abadie im 19. Jh. in der Außenerscheinung ein eher wunderliches Phantasiebauwerk, eine Mischung zwischen einer märchenhaften Moschee und einem Schloss des bayrischen Königs Ludwig II. hinterlassen hat, konnte die Kirche im Innern doch ihre kaum verfälschte mittelalterliche Atmosphäre bewahren. Im Grundriss und in ihrem Raumgefüge gleicht sie fast aufs Haar dem Markusdom in Venedig und damit den heute verschwundenen bzw. nur noch in Ruinenresten zu sehenden Bauten der konstantinischen Apostelkirche in Konstantinopel und der Johanneskirche in Ephesus, allesamt Stationen der Kreuzfahrer auf ihrem Weg ins Heilige Land. Hier mögen Einflüsse des Orients eine nachhaltige Rolle gespielt haben.

Aber nicht nur der ferne Orient hat in der romanischen Baukunst im Südwesten Frankreichs seine Spuren hinterlassen. Jenseits der Pyrenäen lag das arabische Spanien ja vor der Haustür. Die Beziehungen Südwestfrankreichs zum arabischen Spanien waren durch alle Jahrhunderte und auf allen Gebieten sehr eng und so ist es kein Wunder, auch wenn ab dem 11. Jh. die anfangs bescheidene spanische Reconquista mit französischer Unterstützung sich zu regelrechten Kreuzzügen wandelte, wenn über die Pyrenäen hinweg ein lebhafter kultureller Austausch stattfand. In der Baukunst kann man die Ergebnisse dieser intensiven Kontakte im ganzen französischen Südwesten bewundern. Das beginnt beim inkrustierten Mauerwerk des Kreuzganges der Kathedrale von Le Puy im Velay, setzt sich fort in den „maurischen" Portalen der Abteikirche von Le Dorat oder der Kathedrale von Cahors, wo sich in der Tat Formen der großen Moschee von Córdoba wiederfinden und reicht bis zur Vierungskuppel von St.-Croix in Oloron (Pyrenäen), die mit ihrem aus den Rippen geformten Hexagon eine Wiederholung der Kuppel vor dem Mihrab der großen Moschee in Córdoba darstellt. Da könnten sogar arabische Bauleute am Werk gewesen sein.

Hallen- und Pilgerkirchen

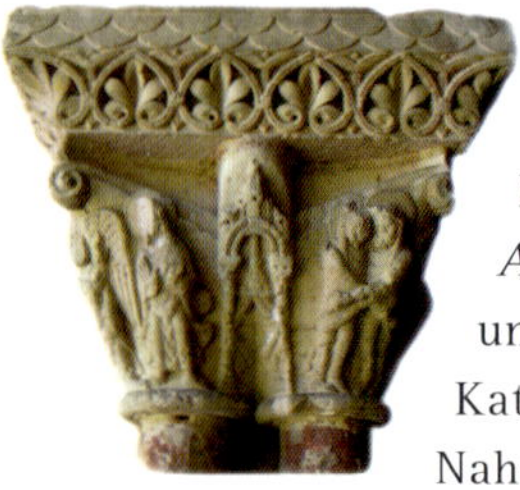

Nehmen wir Abschied von den eindrucksvollen Saalkirchen des Landes und betreten wir einen Kirchenraum, der unter dem Begriff des *Prémier Art Roman* geradezu typenbildend für den Süden und Südwesten Frankreichs, und darüber hinaus in Katalonien und Spanien wurde, die Hallenkirche. Nahezu ebenso häufig wie die Saalkirche finden wir nämlich einen meist dämmrigen Kirchenraum vor, in dem zwei Pfeiler-, seltener Säulenreihen drei gleich hohe Schiffe unterteilen, die von längsgerichteten Tonnengewölben überdeckt werden. In der Regel ist das Mittelschiff breiter als die Seitenschiffe und damit auch sein Gewölbescheitel im Mittelschiff höher als in den Nebenräumen. Mit einer Basilika, in der das hohe Mittelschiff eigene Fenster in den Wänden oberhalb der Arkaden besitzt, hat diese Raumform dennoch nichts gemein, auch wenn der Baumeister in Beaulieu-sur-Dordogne in den Ansatz des Tonnengewölbes noch einige Fenster hineingequetscht hat. Die Basilika mit hohem Mittelschiff, das im Obergaden von eigenen Fenstern belichtet wird, ist im französischen Südwesten eher die Ausnahme. In dem uralten Kloster von Gellone am Fuß der Cevennen, heute besser bekannt unter dem Namen St.-Guilhelm-le-Désert, kann man eine der wenigen wirklichen Basiliken Südwestfrankreichs bewundern, in einer Klosteranlage, die durch ihre landschaftliche Lage und ihre kulturelle Tradition zu den eindrucksvollsten in ganz Frankreich gezählt werden muss. Die dreischiffige Halle war neben der Saalkirche der Bautyp der Region. Vom Tageslicht, das allenfalls durch schmale Fenster in den Seitenschiffen in den Raum einzudringen vermochte, wurde sie nur geringfügig erhellt, was dem Kirchenraum mit seinem mystischen Halbdunkel eine sakrale Atmosphäre verlieh. Wo man im Norden das Licht der Sonne suchte, blieb sie rund um das Mittelmeer außen vor. Die Götter des Südens, ob in schattigen Eichenhainen, Tempeln oder Kirchen verehrt, lieben das Licht der Sonne nicht.

Mit diesen Bau- und Raumformen binden sich das Languedoc und der Südwesten Frankreichs in der Spätantike und im Mittelalter in eine Kunstlandschaft ein, die über Jahrhunderte hinweg, ungeachtet einzelner regionaler Unterschiede, ihre in der römischen Antike begründete Einheit bewahrt hatte. Der Südwesten Frankreichs war Teil eines Kulturraumes, der sich von der Toskana über Oberitalien entlang der Mittelmeerküste bis nach Katalonien im Süden und, mit abnehmender Tendenz, Aquitanien im Westen hinzog. Das zeigt sich an der Verbreitung der Lehre der Katharer von Oberitalien her ebenso wie am Einströmen von Ideen und Motiven in Dichtung, Musik und Kunst aus der arabischen Hochkultur Spaniens und auch an dem vorsichtigen Aufblühen einer eigenständigen Kultur im asturischen Norden der Iberischen Halbinsel. Der Südwesten Frankreichs war keine Region im Abseits des europäischen Kontinents, sondern ein Durchgangsland, das ebenso sehr von den benachbarten Kulturen befruchtet wurde wie es eigene Impulse an die Nachbarländer vermittelte. Dem lombardischen Einfluss in der Baukunst des Languedoc, ablesbar an Lisenen und Bogenfriesen zahlreicher romanischer Kirchen, wie z. B. an der Prioratskirche von St.-Martin-de-Londres im Herault aus dem Ende des 11. Jh., entspricht auf der anderen Seite der große Kulturraum, den Katalonien und das Languedoc beiderseits der Pyrenäen bis zum Ende des hohen Mittelalters gemeinsam bildeten. Bis zur Vertreibung durch die französischen Könige im 13. Jh. waren die Könige von Aragón auch die Lehnsherren weiter Teile des Languedoc.

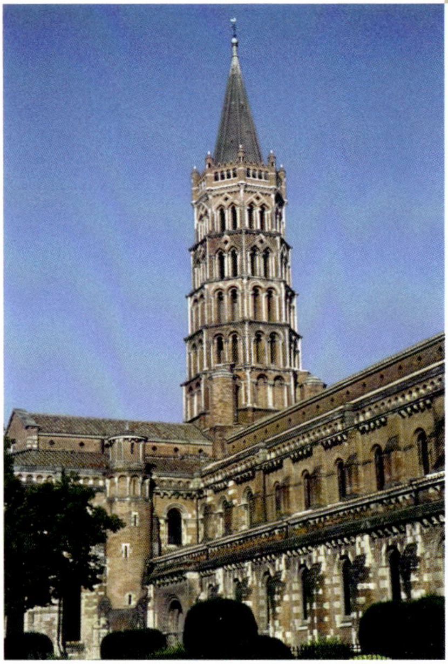

Die große Pilgerbasilika von St.-Sernin in Toulouse

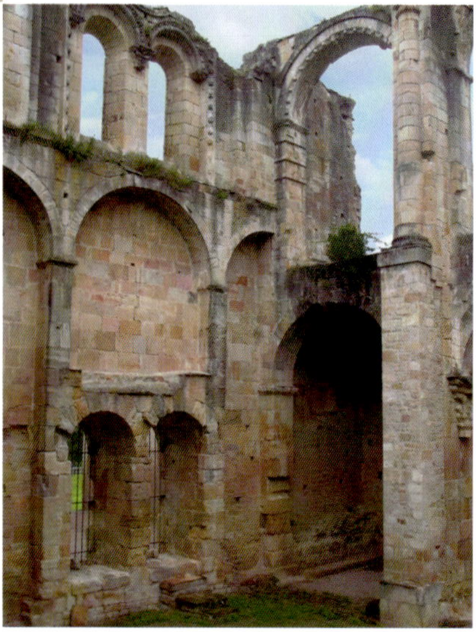

Die nur Wenigen bekannte „Pilgerkirche" von Alet-les-Bains

Verweilen wir noch kurz bei einer Sonderform der südlichen Hallenkirche. Sie wird uns neue Wege aufzeigen, die allesamt durch den französischen Südwesten führen. Es handelt sich um die Emporenhalle, ein ebenso seltener wie bedeutsamer Kirchentypus, der an den mittelalterlichen Pilgerstraßen zu großartiger Ausformung gelangte. Wir lassen angesichts der Kürze dieser Übersicht die Gruppe der auvergnatischen Emporenhallen außen vor. Sie sollen an anderer Stelle ihre gebührende Würdigung erfahren. Hautnah erlebbar sind indes noch immer die großen Pilgerkirchen von Conques und St.-Sernin in Toulouse. Letztere zählt gewiss zu den gewaltigsten romanischen Kirchenbauten in Frankreich und stellt mit fünf Schiffen und einer Länge von 115 Metern manche gotische Kathedrale aus späterer Zeit in den Schatten. Während St.-Sernin heute vom Straßenverkehr der Großstadt Toulouse umbrandet wird, hat sich Conques seine mittelalterliche Abgeschiedenheit bewahrt, obwohl einst ebenso im Brennpunkt der Pilgerströme gelegen wie St.-Sernin. Beide gehören zum Typus der von Kenneth John Conant so bezeichneten Pilgerkirchen, zu denen auch die heute zerstörten Kirchen von St.-Martin in Tours und St.-Martial in Limoges zählten. Weitere Kirchen dieses Typs, nur noch als Ruinen und in malerischer Vergessenheit die Zeiten überdauernd, sind Marcilhac in einem Seitental des Lot und Alet-les-Bains südlich von Carcassonne.

Bei der Emporenhalle haben Mittelschiff und Seitenschiffe die gleiche Höhe, in die Seitenschiffe sind jedoch große Emporen eingefügt, welche den Raum vom Mittelschiff her eher als eine Basilika, wenn auch ohne eigene Befensterung im Obergaden, denn als Hallenkirche erscheinen lassen. Es sind, gerade im Innenraum und in Verbindung mit dem Umgangschor mit Kapellenkranz, malerische Bauwerke, an deren Reichtum der Raumbilder man sich kaum satt sehen kann. Der „Hallencharakter“ des Bauwerks erschließt sich eigentlich nur aus seinem Querschnitt. Wer aber nimmt den im Kirchenraum schon wahr?

Auf den Wegen nach Santiago de Compostela

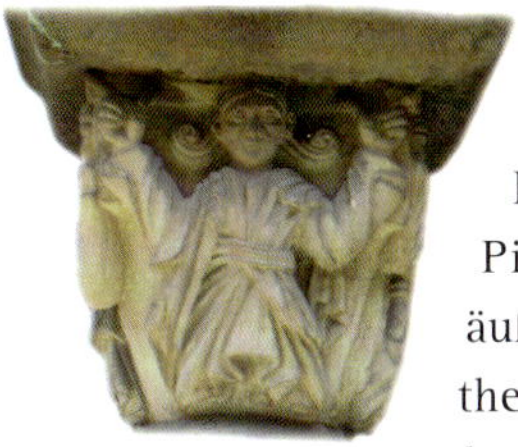

Dennoch kommt den romanischen „Pilgerkirchen“ Südwestfrankreichs eine besondere Bedeutung zu, liegen sie doch allesamt an den Pilgerwegen nach Santiago de Compostela im äußersten Nordwesten von Spanien. Auch die Kathedrale von Santiago entspricht in ihrer Architektur ganz und gar dem Typus der Pilgerkirchen von Toulouse und Conques. In Frankreich führten durch das gesamte Mittelalter zahlreiche Pilgerrouten mit zahllosen Verzweigungen durch den Südwesten des Landes und über die Pyrenäen nach Spanien, wo sie sich in einem Hauptweg und wenigen Nebenstraßen nach Santiago de Compostela bündelten. Heute wird diese mittelalterliche Pilgerstraße in Frankreich ebenso wie in Spanien von vielen Menschen, welche dem hektischen Alltag für eine Weile entfliehen wollen, wieder begangen.

Aus dem Mittelalter besitzen wir ein unschätzbares Dokument, den im *Codex Calixtinus* enthaltenen Pilgerführer aus der Mitte des 12. Jh., der die Hauptwege zum Grab des hl. Jakobus nach Santiago de Compostela beschreibt, gleichsam eine mittelalterliche Anleitung zur Pilgerfahrt. Der aus dem Poitou stammende Autor und Kleriker Aymeric Picaud gliedert die Strecken in Frankreich in vier Hauptwege, die, aus-

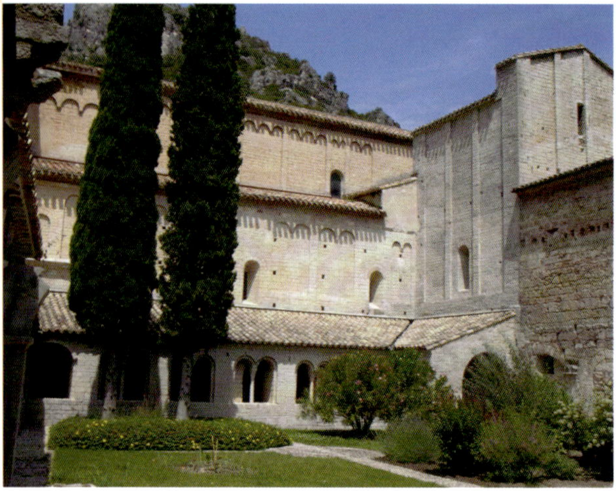

Die Wallfahrtskirche von St.-Guilhelm-le-Désert, schon im Pilgerführer von Aymeric Picaud im 12. Jh. erwähnt

gehend von Tours an der Loire, Vézelay in Burgund, Le Puy-en-Velay und St.-Gilles-du-Gard, alle durch Aquitanien oder das Languedoc führen, um dann im äußersten Südwesten über die Pyrenäenpässe des Somport und Roncevaux den Hauptweg in Spanien zu erreichen. Der Pilgerführer des Aymeric ist kein Reiseführer im modernen Sinn, sondern ein geistlicher Wegbegleiter, der in hierarchischer Ordnung die für den Pilger wichtigen Stationen am Weg aufzählt, zumeist Kirchen und Klöster mit den Reliquien von weithin verehrten Heiligen und Märtyrern. Zusätzlich gibt es einige praktische Hinweise, wird auf Brücken und Flussübergänge hingewiesen, auf die Eigenarten der Landesbewohner und wo man sich besonders in Acht nehmen soll.

Zahlreiche noch heute berühmte und sowohl von Pilgern wie Kunst- und Kulturreisenden aufgesuchte Orte im Südwesten Frankreichs liegen am Jakobsweg und finden bereits im *Codex Calixtinus* Erwähnung. Einige werden besonders hervorgehoben, wobei nur selten die Gestalt des jeweiligen Bauwerks, immer aber die Vita des Heiligen ausführlich geschildert wird. Auf diese Weise werden schon im 12. Jh. die besondere Bedeutung von St.-Foy in Conques und St.-Front in Périgueux ebenso hervorgehoben wie St.-Sernin in Toulouse und die berühmte Abtei von St.-Pierre in Moissac. Die Pilger auf dem Weg von St.-Gilles nach Toulouse werden ausdrücklich auf St.-Guilhelm-le-Désert hingewiesen, die von Tours kommenden auf St.-Léonard-de-Noblat. Der Pilger nahm so auf seiner monatelangen Wanderung den Schutz und den Beistand der unterwegs aufgesuchten Heiligen mit auf den Weg. Das war bitter nötig, denn viele Pilger kehrten nicht mehr wohlbehalten nach Hause zurück. Die Strapazen des Weges, Krankheiten und Wegelagerer trugen dazu bei, dass nicht jeder das ersehnte Ziel, den Schrein mit den Gebeinen des Apostels Jakobus in Santiago de Compostela, berühren konnte. Auch davon berichtet Aymeric. Ein Trost für die Pilger war es jedoch, zu erfahren, dass der vorzeitige Tod auf der Pilgerfahrt den Weg ins Paradies entschieden verkürzte. Heute erleben die Wallfahrt nach Santiago und die alten Pilgerwege sowohl in Spanien als auch in Frankreich wieder einen gewaltigen Aufschwung. Markierte Wege und gute Wanderführer ermöglichen es Pilgern und Aussteigern, Kunst- und Wanderfreunden, auf den alten Wegen Richtung Spanien zu ziehen. Wer will, kann den Südwesten Frankreichs auch auf diese Weise kennen lernen.

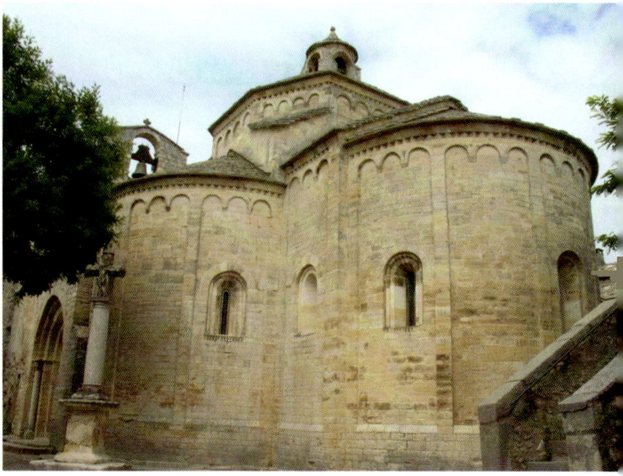

St.-Martin-de-Londres am Pilgerweg nach Santiago de Compostela, ein Beispiel für den Einfluss lombardischer Baukunst

Glaube in Stein

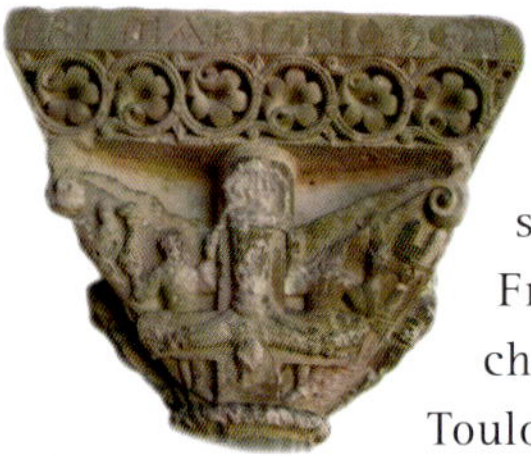

Lässt man die von Aymeric in Südwestfrankreich erwähnten Orte Revue passieren, so fällt auf, dass sie alle in der Geschichte der romanischen Kunst in Frankreich ein herausragendes Interesse beanspruchen dürfen. Conques und St.-Guilhelm-le-Désert, Toulouse und endlich Moissac sind Orte, die sich nicht nur durch bedeutende Klöster und Kirchen, sondern durch eine lange künstlerische Tradition auszeichnen, die in den Werken der Bildhauerkunst von der Spätantike bis zum Beginn der Gotik einen einzigartigen Niederschlag gefunden hat. Die Wege zum hl. Apostel Jakobus waren nicht nur Pilgerstraßen. Sie förderten quer durch Europa einen künstlerischen Austausch, der es ohne weiteres erlaubt, Burgund und die Provence, Katalonien, Kastilien und Galizien mit dem Languedoc und dem Poitou, mit Aquitanien und der Auvergne in einem Atemzug zu nennen. Das Mittelalter war eine Epoche, in der die Menschen eine für uns kaum glaubliche Mobilität zeigten, die von unserem reisefreudigen Zeitalter keineswegs in den Schatten gestellt wird. Alle waren auf den Straßen des Mittelalters unterwegs: Ritter und Söldner, Priester und Mönche, Bauern und Handwerker, Händler sowieso. Zu ihnen gesellten sich die zahlreichen Bildhauer und Steinmetze, die nach dem Jahr 1000, in dem Viele den Untergang der Welt erwartet hatten, ununterbrochen von einer Baustelle zur anderen zogen, wobei Kathedralen und Klöster um die besten Kräfte eiferten. Die Folge war ein künstlerischer Austausch der verschiedenen Kunstlandschaften untereinander, dem als Ergebnis zahlreiche Höchstleistungen der mittelalterlichen Kunst zu verdanken sind. Unter diesen nehmen die Werke der Skulptur im Südwesten Frankreichs eine einsame Spitzenstellung ein.

Man hat angesichts der Tatsache, dass ab dem 11. Jh. mit den Tympana und den Kapitellen in Kirchen und Kreuzgängen sowohl in Burgund, im Languedoc und in Nordspanien nahezu gleichzeitig wie aus dem Nichts wahre Meisterwerke der abendländischen Plastik entstanden sind, die Frage gestellt, welcher Region denn die Ehre zukomme, das Ursprungsland der romanischen Skulptur zu sein. In einer langen Diskussion, die nicht frei von nationalen Chauvinismen war, legte man die Anfänge der mittelalterlichen Bildhauerkunst wechselweise mal nach Südfrankreich, mal nach Spanien oder auch nach Burgund, wo man die große Ausstrahlung von Cluny auch auf die Spitzenwerke der burgundischen Plastik übertrug. Gemeinsamkeit bestand in dieser Auseinandersetzung lediglich darin, dass man der aus der römischen Antike her kommenden Tradition einen gerechten Platz zubilligte. Nur langsam setzte sich die Erkenntnis durch, dass die großen Werke der romanischen Plastik das Ergebnis eines langen Prozesses sind, in dem der beständige Austausch zwischen den einzelnen Ländern und die gegenseitige Befruchtung durch immer neue Ideen auf der Grundlage einer langen Tradition unumgänglich waren. Der Austausch des künstlerischen Gedankengutes aber fand über die mittelalterlichen Straßen statt, auf dem Jakobsweg und seinen zahlreichen Routen, die auch noch die abgelegensten Orte und entferntesten Täler berührten. Die mittelalterlichen Straßen machten weder vor Bergen und Flüssen, am allerwenigsten aber vor Territorialgrenzen Halt. Dem vermutlich aus dem Roussillon stammenden Meister von Cabestany kann man in seinen Werken nicht nur im Minervois, sondern gar noch in der Abteikirche von St. Antimo in der südlichen Toskana begegnen. So muss man heute nicht mehr

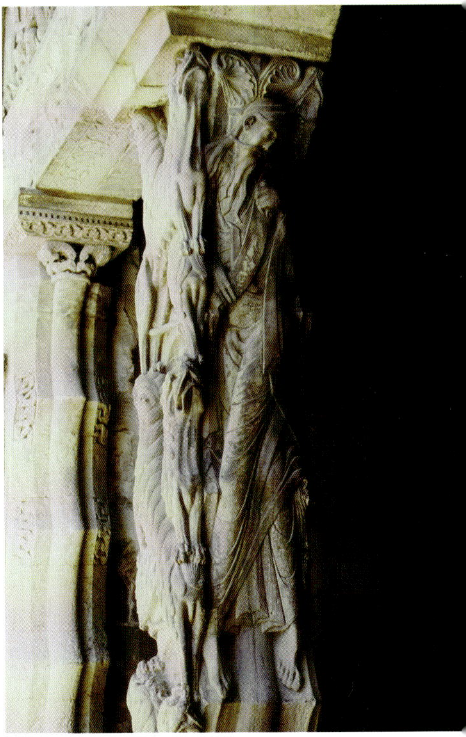

Der Prophet Jeremias am Mittelpfeiler des Portals von Moissac. Ein Meisterwerk romanischer Bildhauerkunst!

darüber streiten, ob der Meister Gelduin in Toulouse oder der unbekannte Bildhauer an der Kathedrale im spanischen Jaca die wichtigeren Maßstäbe gesetzt hat, ob ein Türsturz im Roussillon, ein Relief in Marcilhac oder doch ein spätantiker Sarkophag aus westgotischer Zeit an den Anfang dieser einzigartigen Bildhauerarbeiten zu setzen sind. All diese Werke behaupten ihren Rang, haben ihren Platz in der beeindrukkenden, manchmal schrecklich-schönen Welt der romanischen Plastik.

Das heißt jedoch nicht, dass unter den vielen Spitzenleistungen der romanischen Skulptur nicht noch einzelne besonders bemerkenswerte Meisterwerke von erlesener Qualität zu finden wären. Sie alle hier aufzuzählen, reicht der Platz nicht, einige seien jedoch wenigstens erwähnt. Der Autor erlaubt sich zunächst, seinen persönlichen Vorlieben Raum zu geben. Die beiden geheimnisvollen Frauen auf einer Platte im Musée des Augustins in Toulouse, mit Löwe und Widder in ihrem Schoß, aus ihrem ursprünglichen Zusammenhang gerissen, haben in ihrer stummen Eleganz nur wenige Bildwerke, die man ihnen ebenbürtig an die Seite stellen könnte. Es erstaunt nicht, wenn es Figuren vom Südportal der Kathedrale von Santiago de Compostela sind, die ihnen am nächsten stehen. Oder aber die Propheten von Moissac und Souillac. Der zwischen 1130 und 1140 entstandene Jeremia von Moissac ziert zu Recht zahlreiche Einbände und Farbseiten von Werken über die mittelalterliche Plastik. Ihm steht sein Kollege Jesaja vom ehemaligen Portal in Souillac in nichts nach. Die feine und filigrane Behandlung von Haar und Bart, die überschlanken Körper, die spielerisch übereinander gelegten Beine, das alles ergibt einen tänzerisch-eleganten Ausdruck, eine Körpersprache, die den Betrachter durchaus davon überzeugt, dass hier von der Verheißung ewiger Seligkeit die Rede ist. Über all dem thront fast immer Christus, sei es als gestrenger Richter, sei es im Glanz seiner Herrlichkeit am Ende der Zeiten. Denn die romanischen Portale und ihre bildhauerische Gestaltung waren nicht zur Erbauung der Gläubigen bestimmt.

Vor diesen Portalen standen einfache Menschen, die das ewige Leben im Himmel ersehnten, Sünder zumeist und damit erst einmal von der Verdammnis bedroht, nicht selten gar von den Trost bringenden Sakramenten ausgeschlossen. Und sie standen vor einem strengen und

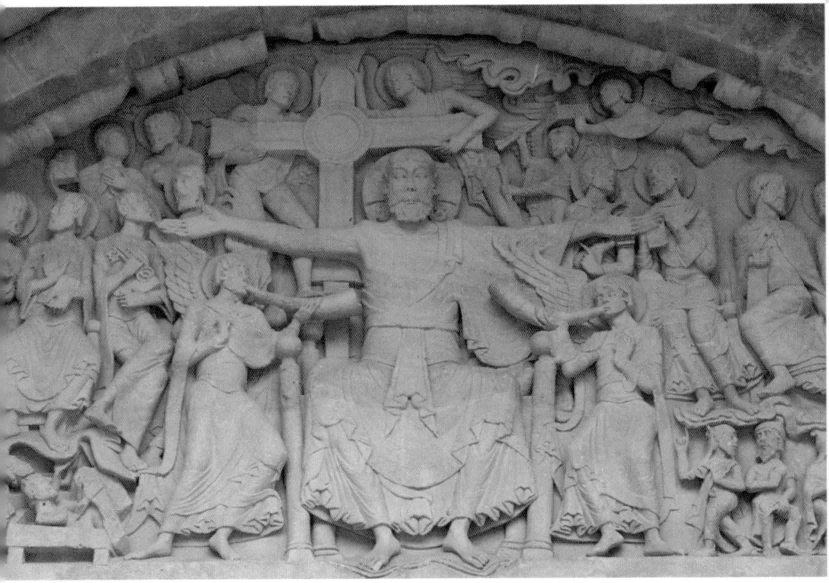

Christus als Weltenrichter auf dem Tympanon des Portals von Beaulieu-sur-Dordogne

unerbittlichen Richter. Das Tympanon von Conques erzählt, in seiner streifenartigen Anordnung fast wie in einem modernen Comic, von der Belohnung der Gottesfürchtigen und von den Höllenqualen der Bösen. Für den mittelalterlichen Menschen war das nicht leere Pfaffendrohung, sondern Lebenswirklichkeit. Angesichts dieser mittelalterlichen Plastiken, die oft noch in grellen Farben bemalt waren, befiel den einfachen Menschen Furcht und Verzweiflung. Das Erdendasein im Mittelalter war ohnehin schon von gnadenloser Härte. Sollte da auch noch der verheißene Himmel wegen einiger Sünden mit den Qualen der Hölle vertauscht werden müssen? Die unverhohlene Freude des kleinen Teufels mit der Keule in Conques muss auf die Menschen erschreckend gewirkt haben. Aber wenigstens waren sie in den Kirchen und Klöstern, als Pilger oder Trost Suchende, an einem Ort angelangt, wo sie die Chance hatten, durch Buße und Umkehr der ewigen Verdammnis zu entgehen. So sagten es jedenfalls die Priester.

Die Welt des Mittelalters hatte, wenn wir die Skulpturen – und, seltener erhalten, die Malereien – betrachten, zwei Gesichter. Da waren zum einen die Tympana, die Weltgerichte, die Darstellungen der Apokalypse, der Endzeit und der nicht ab zu ändernden Scheidung des Menschengeschlechtes in Erlöste und Verdammte. Aber es gab auch noch eine andere Welt, die der Kontemplation, der Anschauung Gottes und der Freude an seiner Schöpfung. Diese Welt findet sich ebenfalls in den Meisterwerken der romanischen Skulptur, jedoch nicht in der Öffentlichkeit, im rauen Getriebe des Alltags. Es sind die Kreuzgänge der Klöster, ungeachtet aller Profanisierung bis zum heutigen Tag Oasen der Ruhe, der Betrachtung und der inneren Einkehr. Man muss kein religiöser Mensch sein, wenn man den Frieden, den diese kleinen Welten ausstrahlen, empfinden will. *Hier ist es wohl sein ...* möchte man mit den Worten der Bibel sagen, hier, hinter dicken Klostermau-

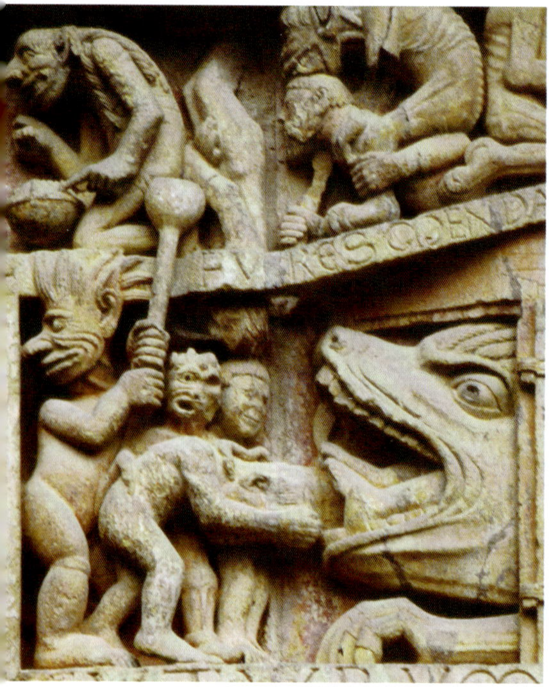

Auf dem Tympanon von Conques treiben Teufel die armen Seelen in den Höllenschlund

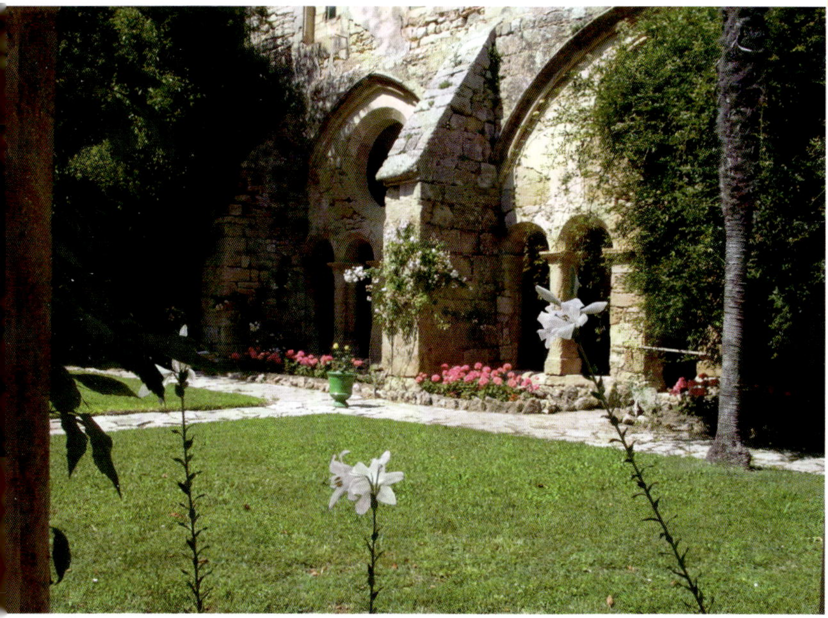

Eine Oase der Ruhe und des Friedens.
Der Kreuzgang von Valmagne im Herault

ern, fernab der umtriebigen Welt, kann man seinen Frieden finden. Gleichwohl sind die Nöte und Versuchungen dieser Welt nicht außen vor. Die Mönche, die hier wandelten, ob in der Anschauung der Herrlichkeit Gottes versunken oder den lustvollen Gedanken an die Annehmlichkeiten des irdischen Daseins ergeben, wurden durch die Themen der kunstvoll gemeißelten Kapitelle immer wieder in die Wirklichkeit zwischen Altar und Alltag zurückgeholt. Aber Fabelwesen, Bestien und Beter, fromme Geschichten und Gleichnisse mahnen auch hier, in friedlicher Stille, vor den Versuchungen, die das Leben selbst für den frömmsten Asketen bereit hält. Trotz aller Weltabgeschiedenheit ist auch das Kloster und sein Kreuzgang von dieser Welt. Im Südwesten Frankreichs findet man nicht wenige dieser beschaulichen Orte.

Die Fenster auf

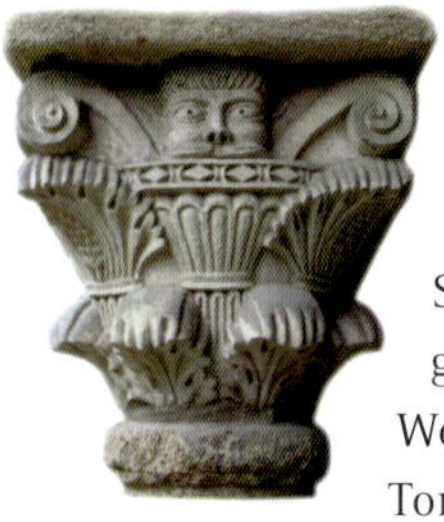

Das Land kennt jedoch auch Behausungen von sehr viel profanerer Zweckbestimmung. Die Burgen und Paläste, die Sitze von Fürsten und Herren, liegen oft in Sichtweite der Klöster, in denen mehr oder minder glaubensstarke Menschen sich bemühten, nach Gottes Wort zu leben. Die sie umschließenden starken Mauern, Tore und Türme bezeugen allerdings, dass ihre Bewohner eine wesentlich kleinere Portion von der Milch der frommen Denkungsart genossen hatten als ihre Nachbarn unter dem Kirchendach. Der Südwesten Frankreichs ist nicht allein ein Land der romanischen Kultur, der, zumindest in neuerer Zeit, heiteren Lebensart, sondern wird allenthalben überragt von düsteren zinnenbewehrten Mauern, denen erst heute die südliche Sonne und ihr ruinöser Zustand einen idyllisch-romantischen Eindruck verleiht. Wir sind in einem Land der Burgen und Festungen, stehen vor den Monumenten von Gewalt und Unterdrückung. Das reicht bis in ferne Zeiten zurück. Die gewaltige mittelalterliche Festungsstadt Carcassonne atmet, ungeachtet der modernen Touristeninvasionen, den Geist einer königlichen Zwingburg, im 13. Jh. ausgebaut zur Unterdrückung der Katharer und als Sitz der sich im Languedoc auf Dauer etablierenden herrscherlichen Gewalt. Im inneren Mauerring findet man noch Türme, die bis in die westgotische Zeit zurückgehen und das Können antik-römischer Baumeister und Ingenieure verraten.

Nur wenige Meilen weiter im Süden zeugen auf den scheinbar unzugänglichen Felsgraten der Pyrenäen zahlreiche Burgen vom Rückzugsgebiet der Katharer während der Verfolgung im 13. Jh. Vergebens – was wir heute in diesen Anlagen an sichtbaren Resten wahrnehmen, ist der Ausbauzustand des 13. Jh., als dem französischen König die Burgen nach zum Teil langen und harten Belagerungen in die Hände gefallen waren. Die Katharer bestiegen, wie in Montsegur überliefert, die Scheiterhaufen und der König nutzte die ihm zugefallenen Burgen zur Kontrolle des Landes und als Grenzburgen gegen Katalonien und Spanien.

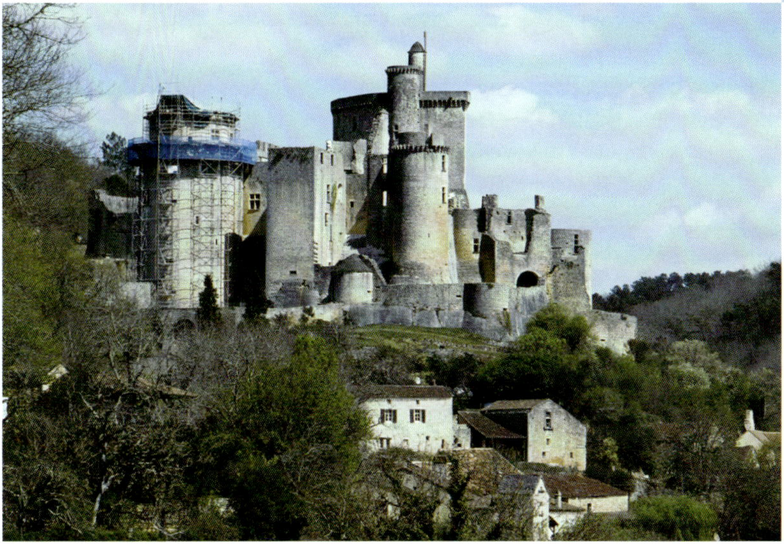

Die Burg von Bonaguil aus dem 15. Jh., Sitz eines der vielen lokalen Gewaltherrscher

In den Kriegsgebieten des Mittelalters blühte der Burgenbau. Da bauten alle, die im Land herrschen wollten: der einheimische Adel, um seinen Besitz und seine Bauern zu schützen, die Engländer, zunächst um ihr Angevinisches Reich des 12./13. Jh. gegen die Angriffe des Königs von Frankreich zu sichern, dann, im Hundertjährigen Krieg, um ihre Ansprüche auf Frankreich und dessen Krone nachdrücklich zur Geltung zu bringen. Das Chaos dieses Krieges erlaubte es auch vielen lokalen Potentaten, kurzzeitige eigene Gewaltherrschaften zu errichten. Auf diese Weise wütete Bérenguer de Roquefeuil im 15. Jh. von seiner Burg Bonaguil fast 20 Jahre gegen alle, die ihm zu nahe kamen, und vergaß dabei nicht, die Burg seiner Väter zu einer fast uneinnehmbaren Festung auszubauen. Der Südwesten Frankreichs, vor allem die gebirgigen Regionen mit ihren abgelegenen Tälern und unzugänglichen Schlupfwinkeln, wurden in dieser Epoche zu einer Burgenlandschaft, in der bis zum heutigen Tag alle Typen des Wehrbaus, vom primitiven Wohnturm bis zur ausgeklügelten und komfortablen Wehranlage, vertreten sind. Das Ergebnis ist ein Landschaftsbild, das malerischer nicht gedacht werden kann. Zu den Kirchen und Klöstern, Dörfern und an die Berge geschmiegten kleinen Städten gesellen sich die zahllosen Burgen, als Ruine oder in gut restauriertem Zustand, heute friedliche Zeugen einer von Krieg und Gewalt erfüllten Epoche.

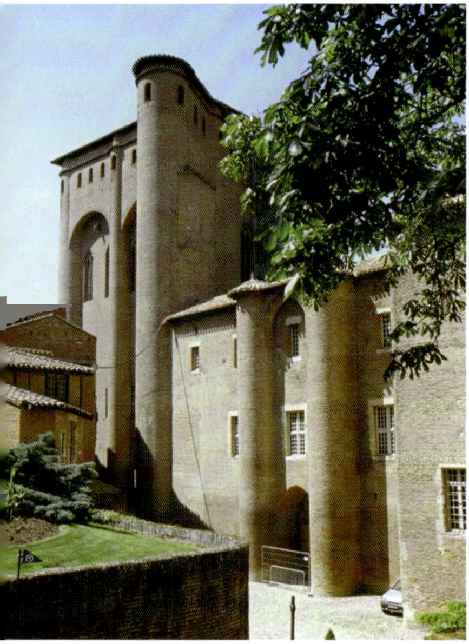

Die Bischofsburg von Albi, einst eine kirchliche Zwingburg, beherbergt heute das weltberühmte „Musée Toulouse-Lautrec"

Unter den Burgen findet man wahre Paläste, die anzeigen, dass auch im Mittelalter der Wohnkomfort neben der Verteidigungsbereitschaft ein ernstliches Anliegen von Bauherren und Baumeistern war. Selbst in der Burg von Carcassonne klingen noch die Lieder der Troubadoure nach, aus einer Zeit, als die Vizegrafen aus der Familie der Trencavel hier noch unbeschwert Hof hielten. Die Bischofsburgen von Albi und Narbonne zeigen zwar nach außen, dass die Herren Kleriker ihren zum Ketzertum neigenden Untertanen keineswegs über den Weg trauten, am Wohnkomfort sparten sie dennoch nicht. Und auch die Burg von Villandraut, erbaut von Bértrand de Got, von 1305–1314 unter dem Namen Clemens V. Papst, ist nur nach außen eine Zwingburg, innen aber ein Palast. Sie hat im prachtvollen Schloss von Chambord an der Loire noch in der französischen Renaissance späte Nachfolge gefunden.

Beschließen wir unsere Betrachtung des südwestlichen Frankreich mit einigen erfreulichen Ausblicken. Die französische Renaissance mag das Stichwort liefern. Die Tage der Burgen waren schon am Ende des 15. Jh. gezählt. Die aufkommende Artillerie vermochte auch stärkste Mauern zu brechen, der neue Bautyp der Festung, nun nicht mehr die Behausung machthungriger Feudalherren, sondern kasernierter Soldaten eines stehenden Heeres, setzte der Burg mittelalterlichen Typs ein Ende. Wer von den Aristokraten weiter im Stammsitz seiner Ahnen hausen wollte, sah sich zu Modernisierungen gezwungen. Hinter den wertlosen Mauern riss man die Fenster auf. Wo eben noch schmale Schießscharten und Lichtschlitze freudlose und verqualmte Räume spärlich zu belichten versuchten, strömte nun durch große Fenster die Helligkeit ins Innere. Doch das war nur ein erster Schritt. Wer es sich leisten konnte, wer seinen Rang in der Adelsgesellschaft auch durch seine Bauten zum Ausdruck bringen wollte, der errichtete auf den alten Fundamenten prachtvolle Neubauten im Stil von Renaissance und Barock. Das nur in Resten erhaltene Schloss des Galiot de Genouillac in Assier steht noch ganz am Anfang der neuen Entwicklung, Bauten wie Puyguilhelm und Montal folgten alsbald. Ein Höhepunkt ist zweifellos mit dem von ca. 1630 – 1670 erbauten frühbarocken Schloss von Hautefort im Périgord erreicht. Hier ließ schon der Troubadour Bertran de Born im 12. Jh. seine Lieder erklingen. Neben dem Schloss vergisst man leicht, einen Blick auf das ebenfalls im 17. Jh. errichtete Hospital zu werfen, ein Zeugnis der Fürsorge des Schlossherrn für seine Untertanen ebenso wie ein perfektes Beispiel dieses seltenen Bautyps. Mögen die prachtvollen Schlösser der Renaissance entlang der Loire die Schlossbauten des südwestlichen Frankreich zunächst in den Schatten stellen, verstecken müssen sich diese keinesfalls. Ihrer Zahl nach nehmen die Schlösser der Region gegenüber Burgen, Kirchen und Klöstern einen hinteren Rang ein. In der reichen kulturellen Hinterlassenschaft des französischen Südwestens leuchten sie jedoch wie Solitäre auf einer Kette von Edelsteinen.

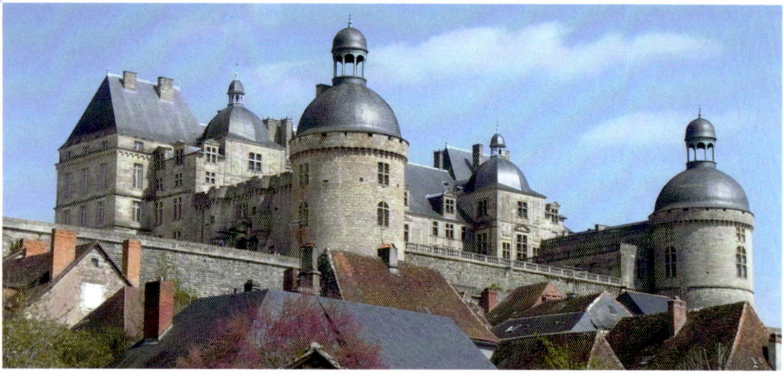

Das barocke Schloss von Hautefort bekrönt gleichsam das Land und das gleichnamige malerische Städtchen

Essen und Trinken, Kunst und Kultur, vielfältige Landschaften, das alles sind nur Facetten in einem Land, dem dies alles und noch vieles mehr im Überfluss gegeben zu sein scheint. So sind auch diese wenigen Seiten nur als Appetithappen, als *amuse gueule* vor einem Menu in mehreren Gängen, wie es im französischen Südwesten so gerne gereicht wird, zu verstehen. Die Speisen wollen mit Muße genossen werden, so wie alle anderen Schätze des Landes auch. Die Landstriche hinter den Bergen des Zentralmassivs, zwischen Mittelmeer und Atlantik, verschließen sich zum Glück dem schnellen Zugriff der touristischen Massen. Reisen heißt hier nicht Rasen, Kultur und Landschaft wollen erlebt, nicht konsumiert werden. Wünschen wir dem Land, dass es noch eine Weile so bleibt, wünschen wir dem Besucher und Gast die Zeit und die Ruhe, die erforderlich sind, wenn Träume in Erfüllung gehen sollen. Denn Träume können hier noch wahr werden.

Lebte also Gott wirklich in *Südwest*frankreich? Nicht wenige Indizien sprechen dafür. Nirgendwo im alten Europa scheint man dem Paradies näher zu sein. Über das ganze Land verstreut haben die Menschen ihm Wohnungen erbaut. In der Tat, *hier ist es wohl sein …* Und sollte Gott doch woanders, etwa fern im Himmel, seine feste Heimstatt haben, einen Urlaub würde er im Südwesten Frankreichs sicher gerne verbringen.

Ausgewählte WBG-Literatur

Wolfgang Metternich

Kunstdenkmäler in Irland

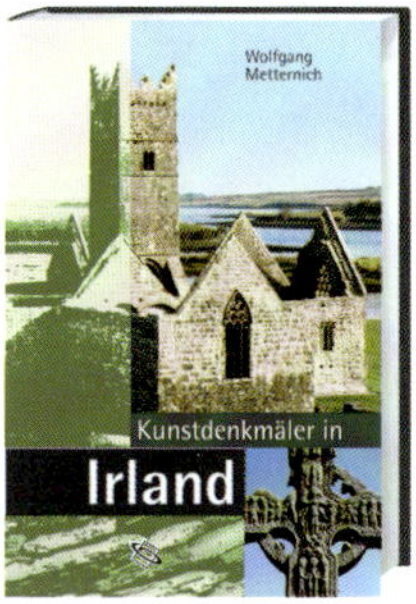

Längst haben viele Liebhaber von Kunst und Kultur Irland für sich als Reiseziel entdeckt. Wolfgang Metternich gibt eine anschauliche und gut lesbare Einführung in die Geschichte und Kultur Irlands und stellt rund 140 Kunstdenkmäler aus allen Epochen vor. Die übersichtliche Gliederung, eine flüssige Sprache und die Bebilderung machen das Buch zu einem unentbehrlichen Führer und Helfer bei der Vor- und Nachbereitung eines Irlandbesuchs.

Wissen. 2003. 224 S. mit 67 farb. und 62 s/w Abb., 39 Zeichn. und 1 Karte, geb.

B 14909-2 WBG-Preis € 24,90

Wolfgang Metternich

Burgen in Irland

Herrschaftsarchitektur im Hochmittelalter

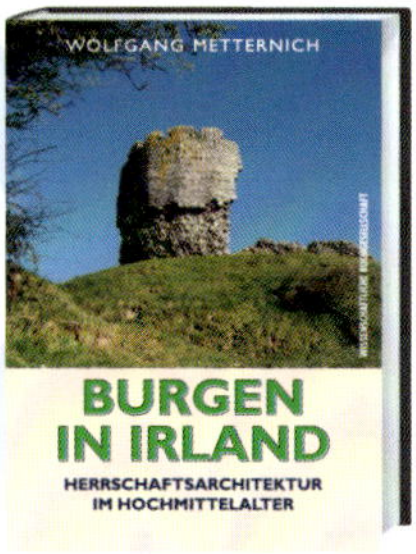

Dieses Buch gibt dem interessierten Leser eine informative und verständliche Einführung in das Thema Burgenbau in Irland. Erstmals wird hier das irische Hochmittelalter – die Phase der englischen Eroberung Irlands von ca. 1180 bis 1330 – in seinen Wehrbauten dargestellt und erläutert. Dabei spielen die Baugeschichte, die Funktion und die historische Situation ihrer Erbauungszeit eine bedeutende Rolle.

Wissen. 1999. 291 S. mit 29 Farb- und 87 s/w Abb., 1 Farbkt., 1 Stammtafel und 53 Grundrissen, geb.

B 13921-6 WBG-Preis € 24,90

Ernst Ulrich Grosse/
Heinz-Helmut Lüger

Frankreich verstehen

Eine Einführung mit Vergleichen zur Bundesrepublik

Wissen. 2000

Alfred Pletsch

Frankreich

Geographie, Geschichte, Wirtschaft, Politik

Wissen. 2003

Malcolm Lambert

Geschichte der Katharer

Aufstieg und Fall der grossen Ketzerbewegung

Wissen. 2001

WBG – Wissen verbindet

Die Idee

Die WBG erfüllt in ihrer Art als einzigartige Gesellschaft seit fünfzig Jahren die Informationsbedürfnisse eines anspruchsvollen Publikums. Zum Vorteil der weltweit rund 140 000 Mitglieder werden erwirtschaftete Gewinne immer wieder in neue Projekte re-investiert. Seit der Unternehmensgründung 1949 ist die Förderung von Wissen, Bildung und Kultur dabei unser zentrales Anliegen.

Das Programm

Mit derzeit rund 2 500 Titeln aus mehr als 20 Fachgebieten und einem breit gefächerten Angebot an Neuen Medien, CDs, Hörbüchern, Kunstobjekten, Graphiken, Studienreisen und Büchermöbeln bieten wir ein vielfältiges und qualitativ hochwertiges Programm.

Die Vorteile für Sie

- Rund 2 500 WBG-Original- und Lizenzausgaben mit einem Preisvorteil von ca. 25 %
- Günstiger Jahresbeitrag von € 11,– (für Schüler & Studierende nur € 5,50)
- Nur eine Mindestbestellung beliebigen Wertes pro Jahr
- Bequeme Bestellmöglichkeit von zu Hause
- Regelmäßige Informationen über Neuerscheinungen, exklusive Buchprojekte und Aktivitäten der WBG
- Kostenlose Vorträge und Veranstaltungen
- Recherche im Internet und Bestellmöglichkeit über Online-Katalog www.wbg-darmstadt.de

„Die WBG hat wie kaum eine andere Einrichtung zur Förderung von Wissenschaft und Kultur beigetragen ...“
(Roman Herzog, WBG-Mitglied)

Besuchen Sie uns im Internet: www.wbg-darmstadt.de

Wissenschaftliche Buchgesellschaft
WBG
WISSENVERBINDET